高职高专"十三五"规划教材
编 审 委 员 会

主　任：张红伟

副主任：李远军　何乔义　欧阳波仪　宋广辉　张　健　孙海波
　　　　孙国君　周万春　王凤军　张裕荣　刘凤波　刘晓鹏
　　　　徐　涛　王　敏　戴晓锋　包科杰　李年芬

委　员：（按姓氏汉语拼音排序）

包科杰　曹文霞　陈睿伟　代　洪　戴晓锋　冯　凯
郭斌峰　何乔义　何世勇　洪　飞　胡新宇　贾建波
李　刚　李　岚　李年芬　李远军　刘凤波　刘晓军
刘晓鹏　刘兆义　倪晋尚　欧阳波仪　彭琪华　秦　浩
邱亚宇　史　婷　宋广辉　宋发民　孙国君　孙海波
谭　辉　陶　阳　涂　杰　王凤军　王　辉　王加升
王　琳　王　敏　王先耀　韦孟洲　肖友荣　徐　涛
袁　芬　袁　庆　曾晓彤　张存良　张桂华　张红伟
张　健　张良勇　张晓龙　张显辉　张裕荣　张仲颖
赵伟章　郑　荻　郑　路　周万春　朱　炼

高职高专"十三五"规划教材

汽车类专业立体化数字资源配套教材

汽车发动机电控系统检修

王加升　张维军　主　编
冯乐雯　宋世军　副主编

化学工业出版社

·北　京·

本书针对汽车发动机电控技术的实际应用，讲解了发动机电控系统及其元器件的结构、原理以及检测维修。全书共分8个项目，包括汽车发动机电控系统认知、燃油喷射控制系统原理与检修、燃油供给系统原理与检修、电控点火系统原理与检修、进气控制系统原理与检修、排放控制系统原理与检修、柴油机高压共轨电控系统原理与检修、汽车自诊断系统及故障诊断设备介绍。本书图文并茂，层次清晰，易学易懂，维修操作规范，可操作性强。

为方便教学，本书配套视频、微课、课件等数字资源，视频、微课等通过扫描书中二维码观看学习，教学课件等可登录化学工业出版社教学资源网 www.cipedu.com.cn 免费下载。

本书可作为高职高专院校汽车类专业的教材，也可供相关维修技术人员使用，同时也可作为汽车维修中、高级技工的培训用书。

图书在版编目（CIP）数据

汽车发动机电控系统检修/王加升，张维军主编. —北京：化学工业出版社，2018.6
高职高专"十三五"规划教材 汽车类专业立体化数字资源配套教材
ISBN 978-7-122-31986-9

Ⅰ.①汽… Ⅱ.①王… ②张… Ⅲ.①汽车-发动机-电子系统-控制系统-检修-高等职业教育-教材 Ⅳ.①U472.43

中国版本图书馆CIP数据核字（2018）第077794号

责任编辑：韩庆利　　　　　　　　　　　文字编辑：张绪瑞
责任校对：边　涛　　　　　　　　　　　装帧设计：刘丽华

出版发行：化学工业出版社（北京市东城区青年湖南街13号　邮政编码100011）
印　　装：三河市延风印装有限公司
787mm×1092mm 1/16　印张11¾　字数280千字　2018年9月北京第1版第1次印刷

购书咨询：010-64518888（传真：010-64519686）　售后服务：010-64518899
网　　址：http://www.cip.com.cn
凡购买本书，如有缺损质量问题，本社销售中心负责调换。

定　价：32.00元　　　　　　　　　　　　　　　　　　版权所有　违者必究

随着我国汽车工业的高速发展，电子控制技术越来越广泛地应用在汽车上，给汽车的使用和维修带来了根本改变。为了使高职高专汽车专业的学生及有关技术人员能更全面地、系统地掌握有关汽车发动机电控技术的知识，特编写了本教材。本教材在编写风格上进行了改革探索，改变了传统教材的编写模式，采用理论知识加实操知识的模式，并配有典型案例分析，突出了理论和实践的紧密结合。内容上进行了选择取舍，去除了老旧内容，在知识拓展项目下讲述了发动机电控新技术知识。立足于汽车运用工程，突出了汽车维修专项技能方面的知识，密切结合维修市场，服务于专业。在教材编写过程中，进一步注意了内容的编排、文字的表述，删繁就简、突出重点、兼顾全面，以利于学习。

本书包括8个项目内容，主要针对汽车发动机电控技术的实际应用，讲解了发动机电控系统及其元器件的结构、原理以及检测维修。本书图文并茂，层次清晰，易学易懂，维修操作规范，可操作性强。从内容方面看，本书能够满足高职高专院校汽车类各专业学生的教学要求，同时也可作为汽车维修中、高级技工培训提高的参考读本。

本书由兰州石化职业技术学院王加升、张维军担任主编，兰州石化职业技术学院冯乐雯、信阳职业技术学院宋世军担任副主编。其中，王加升编写了项目一和项目六；张维军编写了项目五和项目八；冯乐雯编写了项目二；宋世军编写了项目四；兰州石化职业技术学院孙怀君编写了项目七；漯河职业技术学院陶小培编写了项目三。

为方便教学，本书配套视频、微课、课件等数字资源，视频、微课等通过扫描书中二维码观看学习，教学课件等可登录化学工业出版社教学资源网 www.cipedu.com.cn 免费下载。同时建立了QQ群（号码107141977），汽车专业教师可加入免费咨询交流本专业课程相关问题，索取课件等。

由于我们理论水平及实践经验所限，加之时间仓促，书中难免有疏漏和不当之处，欢迎使用本教材的师生和读者批评指正。

编　者

项目一 汽车发动机电控系统认知 ... 1

知识目标 ... 1
能力目标 ... 1
任务导入 ... 1
学习指引 ... 1
相关知识 ... 2
 一、发动机电控系统发展历史、现状及发展趋势 ... 2
 二、应用在汽车发动机上的电子控制系统 ... 3
 三、汽车发动机电控系统的基本组成 ... 4
任务实施 ... 5
知识拓展 ... 5
小结 ... 7
复习思考题 ... 8

项目二 燃油喷射控制系统原理与检修 ... 10

知识目标 ... 10
能力目标 ... 10
任务导入 ... 10
学习指引 ... 10
相关知识 ... 10
 一、电控燃油喷射系统简介 ... 11
 二、电控燃油喷射系统的功能 ... 13
 三、电控燃油喷射系统的分类 ... 15
任务实施 ... 18
知识拓展 ... 23
小结 ... 27

复习思考题 …… 27

项目三 燃油供给系统原理与检修 29

知识目标 …… 29
能力目标 …… 29
任务导入 …… 29
学习指引 …… 29
相关知识 …… 30
    一、燃油箱 …… 30
    二、燃油滤清器 …… 30
    三、电动燃油泵 …… 31
    四、电动燃油泵控制电路 …… 31
    五、喷油器 …… 33
    六、燃油压力调节器 …… 35
任务实施 …… 36
小结 …… 41
复习思考题 …… 42

项目四 电控点火系统原理与检修 44

知识目标 …… 44
能力目标 …… 44
任务导入 …… 44
学习指引 …… 44
相关知识 …… 45
    一、点火系统的认知 …… 45
    二、汽车电子点火系统的组成及工作原理 …… 46
    三、微机控制电子点火系统 …… 50
    四、点火系统的常见故障诊断及维修 …… 52
    五、汽车点火系统发展现状 …… 53
    六、点火系统相关传感器介绍 …… 55
任务实施 …… 58
小结 …… 60
复习思考题 …… 61

项目五 进气控制系统原理与检修 　　63

- 知识目标 …………………………………………………………… 63
- 能力目标 …………………………………………………………… 63
- 任务导入 …………………………………………………………… 63
- 学习指引 …………………………………………………………… 64
- 相关知识 …………………………………………………………… 64
  - 一、怠速控制系统 ……………………………………………… 64
  - 二、巡航控制与电控节气门 …………………………………… 70
  - 三、谐波增压控制系统 ACIS …………………………………… 75
  - 四、可变气门正时控制系统 …………………………………… 78
  - 五、进气增压控制系统 ………………………………………… 89
  - 六、进气系统相关传感器介绍 ………………………………… 91
- 任务实施 …………………………………………………………… 99
- 小结 ………………………………………………………………… 111
- 复习思考题 ………………………………………………………… 112

项目六 排放控制系统原理与检修 　　113

- 知识目标 …………………………………………………………… 113
- 能力目标 …………………………………………………………… 113
- 任务导入 …………………………………………………………… 113
- 学习指引 …………………………………………………………… 113
- 相关知识 …………………………………………………………… 113
  - 一、排放控制系统简介 ………………………………………… 113
  - 二、三元催化转换器、氧传感器与闭环控制 ………………… 114
  - 三、废气再循环控制系统的结构、原理及检修 ……………… 119
  - 四、汽油蒸汽排放（EVAP）控制系统的结构、原理及检修 … 121
  - 五、二次空气喷射（AI）系统 ………………………………… 122
  - 六、排放控制系统的常见故障现象及原因分析 ……………… 124
- 任务实施 …………………………………………………………… 126
- 知识拓展 …………………………………………………………… 129
- 小结 ………………………………………………………………… 134
- 复习思考题 ………………………………………………………… 134

项目七 柴油机高压共轨电控系统原理与检修　　136

　　知识目标 ………………………………………………………………………… 136
　　能力目标 ………………………………………………………………………… 136
　　任务导入 ………………………………………………………………………… 136
　　学习指引 ………………………………………………………………………… 136
　　相关知识 ………………………………………………………………………… 136
　　　一、柴油机电控技术的发展 …………………………………………………… 136
　　　二、柴油机电控燃油喷射系统的优点 ………………………………………… 137
　　　三、柴油机高压共轨系统原理介绍 …………………………………………… 138
　　　四、柴油机高压共轨系统传感器、执行器的作用及特性 …………………… 140
　　　五、柴油机高压共轨系统检修注意事项 ……………………………………… 144
　　　六、柴油机高压共轨系统故障诊断及排除 …………………………………… 145
　　任务实施 ………………………………………………………………………… 148
　　小结 ……………………………………………………………………………… 150
　　复习思考题 ……………………………………………………………………… 150

项目八 汽车自诊断系统及故障诊断设备介绍　　156

　　知识目标 ………………………………………………………………………… 156
　　能力目标 ………………………………………………………………………… 156
　　任务导入 ………………………………………………………………………… 156
　　学习指引 ………………………………………………………………………… 156
　　相关知识 ………………………………………………………………………… 156
　　　一、汽车自诊断系统简介 ……………………………………………………… 156
　　　二、汽车解码器的工作原理 …………………………………………………… 160
　　　三、汽车解码器的功能 ………………………………………………………… 160
　　　四、解码器使用时注意事项 …………………………………………………… 160
　　　五、解码器的优缺点 …………………………………………………………… 162
　　　六、解码器的操作使用方法 …………………………………………………… 162
　　　七、汽车故障码的诊断程序及金德 K81 解码器的操作程序 ………………… 163
　　任务实施 ………………………………………………………………………… 164
　　小结 ……………………………………………………………………………… 173
　　复习思考题 ……………………………………………………………………… 173

参考文献 …………………………………………………………………………… 175

项目一 汽车发动机电控系统认知

 知识目标

1. 了解电控发动机的发展历史。
2. 了解电控发动机各控制系统的功能及主要控制内容。
3. 了解电控发动机控制系统主要的输入信号和执行器。
4. 了解汽车车载网络系统的组成和功能。

 能力目标

1. 了解发动机电控系统应用现状与汽车电子控制理论。
2. 熟悉电控发动机的基本组成。
3. 掌握发动机电控系统的控制功能。
4. 学会发动机电控系统核心元件的位置查找方法。

 任务导入

在安全、环保、节能的要求下,自1967年德国Bosch公司研制出电控喷油系统以来,发动机电控技术日新月异,形成了不同的控制方式和多种类型,各大汽车公司在发动机电控系统上形成了各自的特点和风格。了解发动机电控系统的类型、组成、基本原理,学会识别不同生产厂商的发动机及其电控系统是进行电控发动机故障诊断的前提。本项目主要研究全面认识发动机电控系统的组成和控制功能的问题。

 学习指引

由辅导教师讲解实训室电喷发动机电子控制系统的总体组成。包括传感器、执行器、电控单元、燃油系统、点火系统、活性炭罐系统、爆震和反馈控制等。先台架认识后实车指认。

相关知识

一、发动机电控系统发展历史、现状及发展趋势

1952年，德国戴姆勒-奔驰300L型赛车装用了博世公司（Bosch）生产的第一台机械式汽油喷射装置，它采用气动式混合气调节器控制空燃比，向气缸内直接喷射。1958年，德国Mercedes-Benz 220S型轿车装备了博世公司和Kugerfischer公司共同研制和生产的带油量分配器的进气管汽油喷射装置。20世纪60年代以前，车用汽油喷射装置大多数采用机械式柱塞喷射泵，其结构和工作原理与柴油机喷油泵十分相似，控制功能也是借助于机械装置实现的，结构复杂，价格昂贵，发展缓慢，技术上无重大突破，应用范围也仅仅局限于赛车和为数不多的追求高速和大功率的豪华型轿车。在车用汽油发动机领域内化油器仍占有绝对优势。1967年，博世公司研制成功K-Jetronic机械式汽油喷射系统，由电动汽油泵提供0.36MPa低压汽油，经汽油分配器输往各缸进气管上的机械式喷油器，向进气口连续喷射，用挡流板式空气流量计操纵油量分配器中的计量槽来控制空燃比。后来，该喷射系统经改进，发展成为机电结合式的KE-Jetronic汽油喷射系统（在K-Jetronic系统的油量分配器上增设一只电液式压差调节器）。1967年，博世公司开始批量生产用进气管绝对压力控制空燃比的D-Jetronic模拟式电子控制汽油喷射系统。1973年经改进发展成为L-Jetronic电控汽油喷射系统，用叶片式空气流量计直接测进气空气体积流量来控制空燃比，比用进气管绝对压力间接控制的方式精度高，稳定性好。1981年，L-Jetronic系统又进一步改进发展成为LH-Jetronic系统，用新颖的热线式空气流量计代替机械式空气流量计，可直接测出进气空气的质量流量，无需附加专门装置来补偿大气压力和温度变化的影响，并且进气阻力小，加速响应快。1979年，博世公司开始生产集电子点火和电控汽油喷射于一体的Motronic数字式发动机集中控制系统。与此同时，美国和日本各大汽车公司也竞相研制成功与各自车型配套的数字式发动机集中控制系统，例如，美国通用汽车公司（General Motors Corporation，GM）DEFI系统、福特汽车公司（Ford）EEC-Ⅲ系统，以及日本日产汽车公司ECCS系统、丰田汽车公司TCCS系统等。这些系统能够对空燃比、点火时刻、怠速转速和废气再循环等多方面进行综合控制，控制精度愈来愈高，控制功能也日趋完善。

由于汽油机的燃油经济性比柴油机差，所以降低汽油机的能耗已经成为汽车界当前必须要解决的一个问题。具有理论空燃比的均质混合气的燃烧理论在火花点火发动机上被广泛使用，它的最大优点是可以使用三效催化器来降低CO、HC和NO_x等废气的排放。不足之处是不能获得较高的燃油经济性，为了提高发动机的热效率和降低废气排放，燃烧技术在不断地发展。汽油机经历了由完全机械控制的化油器供油为主到采用电控喷射、缸内直喷、电辅助增压和电动气门、可变压缩比、停缸等技术的变化，汽油机发展的最终方案将采用综合汽油机和柴油机优点的燃烧控制技术。

目前最有代表性的四大发动机技术分别如下。

1. 汽油缸内直喷（GDI）

这一技术的最大特点是将通过高压油泵提高压力后的汽油，通过高压油轨和喷油器，将其直接喷入缸内，从而使缸内的汽油得到充分雾化，并和空气尽可能按照最优化的模式进行混合，提高了燃烧过程的可控性，并大大优化了整个燃烧和做功过程。它具有使发动机得到

更高的充气效率、更精确的瞬态和过渡工况的供油控制、大大增强发动机的抗爆性和充分提高燃烧热效率等优点,使发动机在获得更高的动力性的同时拥有更好的燃油经济性。GDI技术一般可使发动机的功率达到同排量非直喷发动机的1.5～1.7倍,燃油效率提高20%以上。

2. 柴油高压共轨（CR）

该技术将由高压油泵产生的1600大气压的柴油经油轨和喷油器,在数毫秒的时间内最多可分5次直接喷入缸内燃烧室,使高度雾化的柴油和空气混合并燃烧。精确控制的多次喷射达到了优化燃烧过程,可以增加功率、降低油耗、降低振动噪声、减少NO_x及HC排放并消除黑烟,使柴油机在进一步提高并保证原有的高燃油经济性和大扭矩的优点同时,实现了与汽油机相当的低噪声、低排放和大功率。

3. 涡轮增压中冷（TCI）

涡轮增压中冷技术利用发动机排出的废气推动涡轮,并通过涡轮带动压气机,增加发动机的进气压力、提高进气密度,这样通过增加单位体积里参加做功的气体的质量,提高单位做功体积的功率密度,从而提高发动机的功率和扭矩。同时,增压后提高了缸内混合气燃烧的速率和燃烧充分性,不但大大提高了燃油经济性,还减少了CO和HC等有害气体的排放。中冷是协助将增压后比较高的进气温度降下来,从而更好地保证进气密度,提高进气效率,保证发动机的增压效果。一台发动机应用涡轮增压中冷技术后,其功率和扭矩可增加40%以上,燃油消耗可以降低10%～15%左右。

奇瑞公司所采用的涡轮增压中冷技术中更是采用了可变喷口式的涡轮机,与普通的涡轮机相比,可变喷口式的增压器通过改变废气冲击涡轮叶片的喷口的导向,扩展了增压器的流量范围,在不同的工况下,可以按需求调整出最优化的进气增压压力和排气背压。在进一步增大发动机的功率和扭矩的同时,可以更好地控制空燃比,减少NO_x和颗粒物的生成,改善燃油经济性。

4. 可变配气相位（VVT）

可变配气相位（VVT）技术指的是发动机的配气相位可以根据性能需要适时的改变,即根据燃油经济性、动力性和排放控制的要求对不同的工况采用不同的气门正时相位,以达到进气系统的最优化,对降低发动机油耗、提高低速扭矩、改善功率特性有显著效果。此外,VVT技术在提高发动机性能的同时可以降低污染排放,从而取代或减少在排放控制零部件上的投入,甚至可以免去安装EGR、二次空气等装置就可以达到苛刻的排放法规的要求。发动机采用该技术可以达到增加功率、减少油耗、改善排放的目的。

二、应用在汽车发动机上的电子控制系统

1. 电控燃油喷射系统（EFI）

功用:根据进气量确定基本喷油量,再根据其他传感器(如冷却液温度传感器、节气门位置传感器等)信号等对喷油量进行修正,使发动机在各种运行工况下均能获得最佳浓度的混合气,从而提高发动机的动力性、经济性和排放性。

2. 电控点火系统（ESA）

功用:最佳点火提前角控制、最佳通电时间控制和爆震控制。根据各相关传感器信号,判断发动机的运行工况和运行条件,选择最理想的点火提前角点燃混合气,从而改善发动机的燃烧过程,以实现提高发动机动力性、经济性和降低排放污染的目的。

3. 怠速控制系统（ISC）

功用：是在发动机怠速工况下，根据发动机冷却液温度、空调压缩机是否工作、变速器是否挂入挡位等，通过怠速控制阀对发动机的进气量进行控制，使发动机随时以最佳怠速转速运转。

4. 排放控制系统

功用：主要是对发动机排放控制装置的工作实行电子控制。排放控制的项目主要包括：废气再循环（EGR）控制，活性炭罐电磁阀控制，氧传感器和空燃比闭环控制，二次空气喷射控制等。

5. 进气控制系统

功用：主要是根据发动机转速和负荷的变化，对发动机的进气进行控制，以提高发动机的充气效率，从而改善发动机动力性。

6. 增压控制系统

功用：是对发动机进气增压装置的工作进行控制。在装有废气涡轮增压装置的汽车上，ECU 根据检测到的进气管压力，对增压装置进行控制，从而控制增压装置对进气增压的强度。

7. 巡航控制系统

功用：设定巡航控制模式后，ECU 根据汽车运行工况和运行环境信息，自动控制发动机工作，使汽车自动维持一定车速行驶。

8. 警告提示

功用：由 ECU 控制各种指示和报警装置，一旦控制系统出现故障，该系统能及时发出信号以警告提示。

9. 自诊断与报警系统

功用：用来提示驾驶员发动机有故障，同时，系统将故障信息以设定的数码（故障码）形式储存在存储器中，以便帮助维修人员确定故障类型和范围。

10. 失效保护系统

功用：主要是当传感器或传感器线路发生故障时，控制系统自动按电脑中预先设定的参考信号值工作，以便发动机能继续运转。

11. 应急备用系统

功用：是当控制系统电脑发生故障时，自动启用备用系统（备用集成电路），按设定的信号控制发动机转入强制运转状态，以防车辆停驶在路途中。

三、汽车发动机电控系统的基本组成

任何一种电子控制系统，其主要组成都可分为信号输入装置、电子控制单元（ECU）和执行元件三部分。

1. 信号输入装置

各种传感器，用于采集控制系统所需的信息，并将其转换成电信号通过线路输送给 ECU。

常用传感器类型及功用如下。

空气流量计 MAFS：测量发动机的进气量，将信号输入 ECU。

进气管绝对压力传感器 MAPS：测量进气管内气体的绝对压力，将信号输入 ECU。

项目一　汽车发动机电控系统认知

节气门位置传感器 TPS：检测节气门的开度及开度变化，将信号输入 ECU。

凸轮轴位置传感器 CMPS：提供点火时刻或喷油时刻基准位置信号。

曲轴转角传感器 CKPS：检测曲轴转角大小，给 ECU 提供发动机转速信号和曲轴转角信号。

进气温度传感器 IATS：检测进气温度信号。

冷却液温度传感器 ECTS：给 ECU 提供冷却液温度信号。

车速传感器 VSS：检测汽车的行驶速度，给 ECU 提供车速信号（SPD 信号）。

氧传感器 O_2S：检测排气中的氧含量。

爆震传感器 KS：检测汽油机是否爆震及爆震强度。

空调开关 A/C：当空调开关打开，空调压缩机工作，发动机负荷加大时，由空调开关向 ECU 输入信号。

挡位开关：自动变速器由空挡挂入其他挡时，向 ECU 输入信号。

启动开关 STA：发动机启动时，给 ECU 提供一个启动信号。

制动灯开关：制动时，向 ECU 提供制动信号。

动力转向开关：当方向盘由中间位置向左右转动时，由于动力转向油泵工作而使发动机负荷加大，此时向 ECU 输入信号。

巡航控制开关：当进入巡航控制状态时，向 ECU 输入巡航控制状态信号。

2．电子控制单元（ECU）

给传感器提供参考电压，接受传感器或其他装置输入的电信号，并对所接受的信号进行存储、计算和分析处理，根据计算和分析的结果向执行元件发出指令。

3．执行元件

受 ECU 控制，具体执行某项控制功能的装置。

常用的执行元件有：喷油器、点火器、急速控制阀、EGR 阀、炭罐电磁阀、油泵继电器、节气门控制电机、二次空气喷射阀、仪表显示器等。

任务实施

任务准备　根据任务要求，确定所需要的检测仪器及工具，并对小组成员进行合理分工。

实施步骤　由教师启动汽车发动机实验台或实车，结合实物，让学生现场观察各传感器与执行器的工作情况。结合发动机实验台，由学生回答发动机电控系统组成、传感器、执行器、电控单元的名称以及在实车上的安装位置。

知识拓展

汽车车载网络系统（CAN-BUS）简介

CAN 总线又称作汽车总线，其全称为"控制器局域网（CAN—Controller Area Network）"。CAN 总线是一种现场总线（区别于办公室总线），是德国 Bosch 公司为解决现代汽车中众多的电控模块（ECU）之间的数据交换而开发的一种串行通信协议。CAN 总线的设计充分考虑了汽车上恶劣的工作环境，比如点火线圈点火时产生的强大反冲电压，汽车发动机室 100℃左右的高温。正是由于 CAN 总线的出色表现，使其在诸多现场总线中独占鳌头,成为汽车总线的代名词。

随着车用电气设备越来越多,从发动机控制到传动系统控制,从行驶、制动、转向系统控制到安全保证系统及仪表报警系统,从电源管理到为提高舒适性而作的各种努力,使汽车电气系统形成一个复杂的大系统,并且都集中在驾驶室控制。另外,随着近年来ITS(智能交通系统 Intelligent Transport System,简称ITS)的发展,以3G(GPS、GIS和GSM)为代表的新型电子通信产品的出现,它对汽车的综合布线和信息的共享交互提出了更高的要求。从布线角度分析,传统的电气系统大多采用点对点的单一通信方式,相互之间少有联系,这样必然造成庞大的布线系统。据统计,一辆采用传统布线方法的高档汽车中,其导线长度可达2000m,电气节点达1500个,而且,根据统计,该数字大约每十年增长1倍,从而加剧了粗大的线束与汽车有限的可用空间之间的矛盾。无论从材料成本还是工作效率看,传统布线方法都将不能适应汽车的发展。从信息共享角度分析,现代典型的控制单元有电控燃油喷射系统、电控传动系统、防抱死制动系统(ABS)、防滑控制系统(ASR)、废气再循环控制、巡航系统和空调系统。为了满足各子系统的实时性要求,有必要对汽车公共数据实行共享,如发动机转速、车轮转速、油门踏板位置等。但每个控制单元对实时性的要求是因数据的更新速率和控制周期不同而不同的。这就要求其数据交换网是基于优先竞争的模式,且本身具有较高的通信速率,CAN总线正是为满足这些要求而设计的。

早在20世纪80年代,众多国际知名的汽车公司就积极致力于汽车总线技术的研究及应用,如博世的CAN、SAE的J1850、马自达的PALMNET、德国大众的ABUS、美国商用机器的AUTOCAN、ISO的VAN等。目前,国外的汽车总线技术已经成熟。奥迪A6车型已于2000年起采用总线替代原有线束,帕萨特B5、BORA、POLO、FIAT PALIO和SIENA等车型也都不同程度地使用了总线技术。此外,部分高档客车、工程机械也都开始应用总线技术。

CAN总线技术优点如下。

① 数据共享减少了数据的重复处理。比如,对于具有CAN总线接口的电喷发动机,可省去额外的水温、油压、油温传感器。空气悬架、门控制及巡航定速控制都用到车速数据,结果这些电器都有一套车速处理电路。而采用CAN技术后,大家都从总线上即可获得车速数据。

② 减少车身布线。由于采用总线技术,模块之间的信号传递仅需要两条信号线。布线局部化,车上除掉总线外,其他所有横贯车身的线都不需要了。另外,数据共享也节省了线路,还拿车速信号来说,在没有总线的情况,车速信号要接到空气悬架、门控制及电喷发动机。有了总线后只要接到一处,其他电器可通过总线共享。

③ 具有错误诊断能力和自动恢复能力,节省了生产维护成本。比如通过配合CAM1.0(CAN分析模块)对总线系统进行错误诊断,如传感器的故障诊断、车灯的故障诊断、各个模块的错误诊断以及线路连接间的错误诊断等。对于总线内部错误,总线系统可以通过自身软件进行自动恢复。而非总线车辆,一旦出现故障,第一,要依赖人工,第二,往往需要对复杂线束依次测量,第三,需要对相关电器依次测定。整个过程非常费工时。

④ 扩充性强,产品升级快,节省了新产品开发设计成本。CAN节点几乎可以在不改动

原有线束的情况下增加新的组件。

⑤ 数据稳定可靠，CAN 总线具有线间干扰小、抗干扰能力强的特点。由于 VITI-CAN 系统采用的是模块化管理，各模块按其功能分散地摆放在车内，简化了布线并缩短了线束的长度，从而降低了耦合电流的产生，减小了线间干扰。同时在软件上，CAN 总线采用短帧传输，这样使总线数据报文在传输过程中有较强的抗干扰能力。

⑥ CAN 总线专为汽车量身定做，可靠性有保障。

⑦ 配置参数十分灵活，可以通过 CAN 总线分析软件进行设置。如开关量可以根据厂家需求设置其门限及控制极性（正负控），模拟量可根据厂家提供的传感器阻值曲线，通过软件灵活配置。

CAN 总线的通信介质可采用双绞线、同轴电缆和光导纤维。通信距离与波特率有关，最大通信距离可达 10km，最大通信波特率可达 1Mbps。CAN 总线仲裁采用 11 位标识和非破坏性位仲裁总线结构机制，可以确定数据块的优先级，保证在网络节点冲突时最高优先级节点不需要冲突等待。CAN 总线采用了多主竞争式总线结构，具有多主站运行和分散仲裁的串行总线以及广播通信的特点。CAN 总线上任意节点可在任意时刻主动地向网络上其他节点发送信息而不分主次，因此可在各节点之间实现自由通信。CAN 总线协议已被国际标准化组织认证，技术比较成熟，控制的芯片已经商品化，性价比高，特别适用于分布式测控系统之间的数据通信。

目前 CAN-BUS 总线在车上的应用越来越普及，不仅仅局限于高档车，比如波罗、宝来、帕萨特中低档车也越来越多地配备了 CAN-BUS 总线。汽车上的 CAN-BUS 总线一般有三种，高速的动力驱动系统（速率可达到 500kb/s 以上）主要连接对象包括发动机 ECU、ABS-ECU、SRS-ECU、组合仪表等，低速的 CAN 总线则用于车身舒适系统（速率 100kb/s），连接对象有集控锁、电动门窗、后视镜、厢内照明灯等，另外可能还会有用于卫星导航的智能通信系统。

小 结

1. 发动机电控技术发展经历了四个阶段

第一阶段——1974 年以前，是发动机电控技术发展的初级阶段。

第二阶段——1974～1982 年，是发动机电控技术迅速发展阶段。

第三阶段——1982～1990 年，也是微型计算机在汽车上应用日趋成熟并向智能化发展阶段。

第四阶段——1990 年以后，是发动机电控技术向智能化发展的高级阶段。

目前发动机上常用的电控系统有：

电控燃油喷射系统、电控点火系统、怠速控制系统、排放控制系统、增压控制系统、警告提示系统、自我诊断与报警系统、失效保护系统和应急备用系统。

2. 电控技术对发动机性能的影响

（1）提高发动机的动力性

通过减小进气阻力，提高充气效率，电控系统使得进入气缸中的空气得到充分的利用。

（2）提高发动机燃油经济性

通过电控系统来精确地控制在各种运行工况下发动机所需的混合气浓度，使燃烧更为充分。

（3）降低排放污染

通过电控系统的优化控制，提高燃烧质量，应用排放控制系统，降低排放污染。

（4）改善发动机的加速和减速性能

（5）改善发动机的启动性能

3. 电控系统由三部分组成：信号输入装置、ECU、执行元件

4. 电控系统有开环和闭环两种控制类型

5. 电控单元的基本功能是按照一定的程序对各种输入信号进行运算处理、储存、分析处理，然后输出指令，控制执行元件工作，以达到快速、准确、自动控制发动机工作的目的。

复习思考题

一、填空题

1. 目前，应用在发动机上的子控制系统主要包括_____、_____和_____控制系统。

2. 排放控制的项目主要包括_____、_____、_____和_____、_____、二次空气喷射控制等。

3. 凸轮轴位置传感器作为_____和_____的主控制信号。

4. 爆燃传感器是作为_____的修正信号。

5. 电子控制单元主要是根据_____确定基本的喷油量。

6. 电控系统由_____、_____、_____三大部分组成。

二、判断题

1. 现代汽车广泛采用集中控制系统，它是将多种控制功能集中到一个控制单元上。（　）

2. 在电控燃油喷射系统中，喷油量控制是最基本也是最重要的控制内容。（　）

3. 电子控制系统中的信号输入装置是各种传感器。（　）

4. 开环控制的控制结果是否达到预期的目标对其控制的过程没有影响。（　）

5. 发动机集中控制系统中，一个传感器信号输入ECU可以作为几个子控制系统的控制信号。（　）

三、问答题

1. 怠速控制系统的功用是什么？

2. 电控技术对发动机性能有何影响？

3. 电子控制单元的功能是什么？

4. 简述常用传感器类型及功用。

5. 简述电控发动机排放控制系统功用。

6. 简述CAN-BUS的含义。

7. 简述CAN总线技术优点。

8. 电子控制单元的功能是什么？

9. 什么是电控系统的开环控制和闭环控制？
10. 电控技术对发动机性能有哪些影响？
11. 电控系统由哪几部分组成？
12. 目前发动机上常用的电控系统有哪些？
13. 发动机电控技术发展经历了哪几个阶段？

项目二
燃油喷射控制系统原理与检修

知识目标

1. 了解电控燃油喷射系统的发展过程及特点。
2. 掌握电控燃油喷射系统的分类、组成及工作原理。

能力目标

1. 掌握电控燃油喷射系统中各部件的安装位置。
2. 掌握各传感器、执行器的结构及常见故障现象。

任务导入

一辆丰田卡罗拉轿车,前天行驶正常,停放一个晚上后,第二天早晨发现无法启动发动机,通过多次关闭点火开关连续启动,能够成功发动汽车,启动后一切正常。停车10min后又出现无法启动的现象,必须多次关闭点火开关连续启动才能正常着车。

学习指引

现代的汽车发动机的燃油供给系统均装配有电子控制燃油喷射系统(简称 EFI——Electronic Fuel Injection System 或 EGI 系统),燃油供给系统的正常工作与否是汽车能否正常运转的首要条件,要对汽车电控燃油供给系统进行高效的检修必先掌握电控燃油喷射系统的组成与结构原理。

相关知识

早期的发动机利用化油器来实现可燃混合气的配制,化油器的喉管插入进气管中,无需任何电子控制,通过纯物理原理,将燃油自动吸到进气管里。其结构如图2-1所示。

这种传统的机械装置垄断了发动机供油方式几十年,但随着20世纪60年代汽车保有量的迅速增长,传统的化油器由于存在油气分配不均的弊病,导致了汽车尾气排放严重超标。为此美国在20世纪60年代推出了当时最严格的环保法《马斯基法案》,日本也在20世纪60年代末推出了相应的法规来限定汽车尾气排放量。人们将目光转向机械式燃油喷射装置,

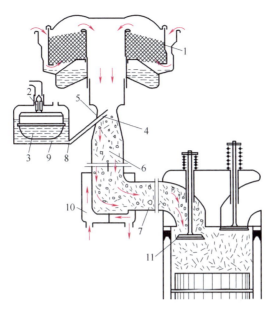

图 2-1 化油器结构示意

1—空气滤清器；2—针阀；3—浮子；4—喷管；5—喉管；6—节气门；7—进气管；8—量孔；9—浮子室；10—进气预热套管；11—进气门

机械式燃油喷射系统依靠曲轴的动力驱动油泵工作，当燃油达到一定压力后由喷油嘴喷入进气管中。虽然机械式燃油喷射装置提高了燃油控制的精确性，但早期的机械式燃油喷射装置只是简单替代了化油器，依然无法对发动机的动力输出进行更全面的控制。随着科学技术的发展，电子燃油喷射装置出现了，它的工作原理是通过装在进气管中的空气压力传感器或空气流量传感器计算气缸的进气量，将测得数据传送至发动机电子控制单元（ECU），由 ECU 计算后控制喷油器喷射适量的燃油。

一、电控燃油喷射系统简介

1. 电控燃油喷射系统的发展

对电控汽油喷射系统的诞生做出最大贡献的要数德国博世公司，博世公司在 1912 年就开始研究汽油喷射系统。第二次世界大战中，由于飞机对战争胜负起重要的作用，而发动机混合气的配置对飞机的性能和飞行的高度影响很大，但在寒冷高空中汽油容易在化油器中结冰，造成发动机停机。因此，1937 年，博世公司采用机械方式来控制可燃混合气的配制，首次在航空发动机上汽油喷射系统。1952 年，博世公司将汽油喷射系统从飞机"移植"到汽车上，将其装备在奔驰 300SL 型轿车上，此时仍然采用机械控制技术。

1953 年，美国 Bendix 公司开发研究电控汽油喷射系统，并于 1957 年开发出 Electrojator 电控汽油喷射系统，这是第一款用于汽车的电喷装置，同时美国 AMC 推出的新款 Rambler Rebel 车型上应用了这款电喷装置，并且这款装置还是要加 395 美元以后才能安装，加装电喷装置后发动机最大功率提升到了 288hp（1hp＝745.7W），而原有的化油器版只有 255hp，其动力得到了明显提升。但 Bendix 推出的这款产品并不成熟，故障率极高，因此只有少量的车型装配了电喷装置。之后，Bendix 公司将这项技术卖给了德国的博世公司，博世公司对这项技术进行完善并于1967年推出了D-Jetronic电控燃油喷射装置。这套喷射装置已经具备了现代电控燃油喷射系统的全部要素，可以说是当今电喷系统的雏形。同年加州推出《清洁空气法》，只有D-Jetronic电控燃油喷射装置符合废气排放要求。

但是D-Jetronic电控燃油喷射系统还是存在不稳定性，博世公司又推出了L-Jetronic电控燃油喷射系统，该系统将发动机转速和进气量作为参考基数，均衡计算出燃油供给量。很多欧洲和日本的厂商也开始采用这套系统，从1979年开始，日本的本田和三菱、美国的通用与福特都已经推出了自己的电控燃油喷射装置，尤其是多气门发动机的广泛应用，使电喷技术得到了更为广泛的应用。

20世纪70年代，单片微处理器被应用到汽车上，除了用于控制点火系统和汽油喷射系统外，很快扩展到了废气再循环控制、发动机怠速控制等方面。这就产生了一种新的控制系统——微处理器集中控制系统。这种类型的系统各家公司都有自己的命名，博世公司命名为Motronic系统，即数字式发动机控制系统；丰田公司命名为TCCS，即丰田电脑控制系统；日产公司命名为ECCS，即日产集中控制系统。集中控制系统的特征是：从模拟电路发展到数字电路，控制的对象也不再局限于汽油喷射的控制，还包括自动变速箱的控制、ABS制动防抱的控制等等。现代轿车上几乎全部采用微处理器集中控制系统。

1981年，日立公司和博世公司研制成功热线式空气流量计，它标志着电控汽油喷射系统进气量的检测方式得到了很大的改进，博世公司将带有这种流量计的电控汽油喷射系统称为波许LH系统。它最大特点是反应快、阻力小，还能适应各种海拔高度的大气压力，而不需进行修正。

随后，博世公司对K型喷射系统做了进一步改进，约1982年开发出电子控制的机械式连续喷射系统（波许KE系统），在燃油分配器上增设的电子差压阀，能够根据各种不同工况控制燃油量。

最初的电喷系统是所有气缸共用一个喷油嘴，因此叫做单点电喷。但发动机由多个气缸组成，一个喷射点无法实现各气缸的燃油均衡配置，大大影响了燃油的喷射精度。为了更好地控制燃油喷射精度，发动机采用多点喷射技术，多点电喷在每个气缸上安装一个喷油器，每个喷油器都由电脑控制，ECU根据各气缸进气量的不同控制燃油的喷入时间和流量，精确的燃油喷射带来了更好的燃烧率与更加智能的燃油消耗量，不仅提高了发动机的动力，也提高了发动机的燃油经济性，汽车尾气也因燃油的充分燃烧而得到改善。

从1957年电喷技术诞生以来，这项技术一直在不断完善，从诞生之初的单点电喷发展到现在的多点电喷。它以优异稳定的性能征服了各大厂商，也征服了广大群众，随着科技的发展，燃油喷射技术也得到了质的飞跃。随着汽车技术的不断发展，电喷技术的另外一大革新就是采用了多点燃油喷射。与单点电喷不同，多点电喷是在每个气缸上有一个喷油器，并且每个喷油器都是由电脑控制，可以根据每个气缸进气量的不同控制燃油喷入的时间和流量，精确的燃油喷射带来最直观的反映就是更好的燃烧率与更加智能的燃油消耗量，这样不仅动力得到了更好的提升，并且更加省油，汽车尾气也会因为燃油的充分燃烧而得到改善，现在的速腾1.6及2.0发动机就为此类。

2. 电控燃油喷射系统的特点

电控汽油喷射系统简称EFI，是以电控单元为工作中心，利用安装在发动机不同部位上的各种传感器，测出发动机的各种参数，按照电控单元中设定地控制程序，通过喷油器精确地控制喷油量，使发动机在各种工况下均能获得合适空燃比的混合气，它具有以下优点。

① 能提供发动机在各种运行工况下最佳的混合气浓度，使发动机在各种工况条件下保持最佳的动力性、经济性和排放性能。

② 电控燃油喷射系统配用排放控制系统后，大大降低了 HC、CO 和 NO_x 三种有害气体的排放。

③ 增大了燃油的喷射压力，因此雾化比较好，由于每缸均安装一个喷油器，所以各缸的燃油分配比较均匀，有利于提高发动机运转的稳定性。

④ 当汽车在不同地区行驶时，对大气压力或外界环境温度变化引起的空气密度的变化，发动机控制电脑能及时准确地做出补偿。

⑤ 在汽车加减速行驶的过渡运转阶段，燃油控制系统能够迅速作出反应，使汽车加速、减速性能更加良好。

⑥ 具有减速断油功能，既能降低排放，也能节省燃油。减速时，节气门关闭，发动机仍以高速运转，进入气缸的空气量减少，进气歧管内的真空大。在电控燃油喷射发动机中，当节气门关闭而发动机运转速度超过预定转速时，喷油就会停止或减少，使排气中 HC 和 CO 的含量减少，降低燃油消耗。

⑦ 在发动机启动时，可以用发动机控制模块计算出启动时所需的供油量，使发动机启动容易、暖机更快、暖机性能提高。

因此，汽油喷射式发动机具有较高的动力性、经济性及良好的排放性。

二、电控燃油喷射系统的功能

电控汽油喷射系统由三个子系统组成：空气供给系统、燃油供给系统和电子控制系统，如图 2-2 所示。

（一）空气供给系统

功用：为发动机提供清洁的空气，并控制发动机正常工作时的进气量。

以 L 型系统为例，空气经空滤器后，用空气流量计测量，通过节气门体进入进气总管，再分配到各进气歧管。在进气歧管内，从喷油器喷出的汽油和空气混合后被吸入气缸内燃烧。在冷却液温度较低时，为加快发动机暖机过程，设置了快怠速装置，由空气阀来控制快怠速所需要的空气，这部分经空气流量计计量后的空气，绕过节气门体进空气阀直接进入进气总管。可由 ECU 操纵怠速控制阀控制怠速和快怠速。L 型 EFI 空气供给系统，如图 2-2 所示。

（二）燃油供给系统

功用：供给喷油器一定压力的燃油，喷油器则根据电脑指令喷油。

如图 2-3 所示，汽油泵抽吸油箱内的汽油，经汽油过滤器过滤后，由压力调节器调压，然后经输油管配送给各个喷油器，喷油器根据 ECU 的指令，将适量的汽油喷进各进气歧管或进气总管。

汽油泵可置于汽油箱内，有些车型还在输油管的一端设有脉动阻尼器，以消除喷油时油压产生的微小波动。

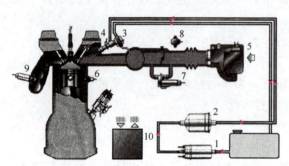 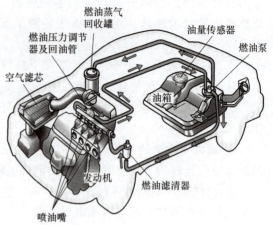

图 2-2　L 型电控燃油喷射系统示意

1—油泵；2—油滤；3—燃油压力调节器；4—喷油嘴；5—空气滤芯；6—水温传感器；7—怠速控制阀；8—空气流量传感器；9—氧传感器；10—车载电脑 ECU

图 2-3　燃油供给系统结构示意图

（三）电子控制系统

功用：根据各种传感器的信号，由控制电脑 ECU 进行综合分析和处理，通过执行装置控制喷油量等，使发动机具有最佳性能。

ECU 根据空气流量计或进气歧管压力传感器的信号，再根据空燃比要求就可以确定每一个循环的基本供油量。然后根据各种传感器的信号进行点火提前角、冷却液温度、节气门开度、空燃比等各种工作参数的修正，最后确定某一工况下的最佳喷油量。

该系统还具有故障自诊断功能，可保存故障代码，并通过故障指示灯或解码仪等输出故障代码。

如图 2-4 所示，从控制原理来看，电子控制系统由传感器、ECU 和执行器三大部分组成。

（四）EFI 的控制功能

（1）燃油喷射控制：由传感器向 ECU 输送各种信号，如 CPS、MAF、TPS 等，ECU 计算出最佳喷油量，然后控制喷油器喷油。

（2）点火控制：ECU 根据传感器信号和发动机的工作要求，计算最佳点火提前角，并进行闭环控制。

（3）怠速控制：ECU 根据传感器信号和发动机的工作要求，计算和控制发动机的怠速转速、点火、喷油量。

（4）排放控制：通过 TWC 和 O_2S、EGR 来减少废气排放。

（5）进气控制：有废气涡轮增压、惯性增压等，提高进气效率。

（6）警告：系统出现故障后，通过警报灯告知驾驶员。

（7）自诊断：检修时帮助维修人员查找故障。

（8）失效保护：某些元件（或系统）失效后，ECU 启动备用系统。

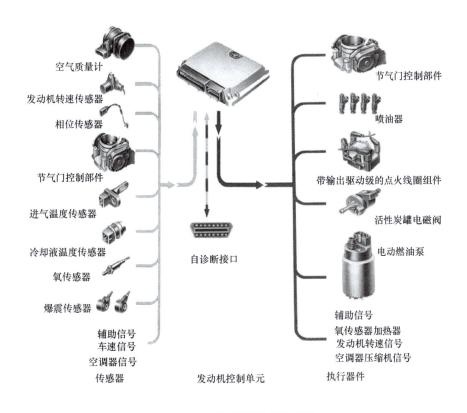

图 2-4　发动机控制单元示意图

三、电控燃油喷射系统的分类

汽油喷射技术从 20 世纪六七十年代以来得到长足的发展和广泛的应用，欧、美、日的一些著名汽车公司都相继开发研制，并实际应用了许多类型不同、档次各异的汽油喷射系统，即使是同一类型的汽油喷射系统应用于不同汽车公司生产的汽车上又有不同的名称，对于使用和维修人员来说，总认为其品种繁多，有应接不暇的感觉。为此，不妨将现代汽油喷射系统按一定的方式分类归纳，以便有一个较全面的了解和认识。

（一）按喷射位置分类

按喷射部位的不同可分为缸内喷射和缸外喷射两种。

缸内喷射是通过安装在气缸盖上的喷油器将汽油直接喷入气缸内，这种喷射系统需要较高的喷射压力，约 3～5MPa，因而喷油器的结构和布置都比较复杂。

缸外喷射是将喷油器安装在进气管和进气歧管上，以 0.2～0.35MPa 的喷射压力将汽油喷入进气管或进气道内。缸外喷射系统又分单点喷射系统（SPI）和多点喷射系统（MPI）。如图 2-5 所示。

单点喷射系统：在节气门上方安装一个中央喷射装置，由一到两个喷油器集中喷射。因此，单点喷射系统又称节气门体喷射（TBI）。由于一台发动机只装有一或两个喷油器在节气门体上，所以单点喷射系统结构简单、故障少、维修方便，但存在各缸燃料分配不均和供油滞后等缺点，目前已很少使用。

多点喷射系统：每缸进气门处装有一个喷油器，由 ECU 控制喷射。其燃油分配均匀性

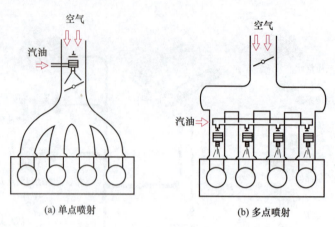

图 2-5 单点喷射与多点喷射示意图

好,控制精度高,现普遍采用。

（二）按喷射连续性分类

按喷射的连续性将汽油喷射系统分为连续喷射式和间歇喷射式。

连续喷射是指在发动机工作期间喷油器连续不断地向进气道内喷油,这种喷射方式大多用于节气门体喷射式汽油喷射系统;间歇喷射是指在发动机工作期间,汽油被间歇地喷入进气道内,多点汽油喷射系统都采用间歇喷射方式。

（三）按喷射方式分类

（1）同时喷射 将各气缸的吨油器并联所有喷油器,由电脑的同一个指令控制,同时喷油、同时断油。

（2）分组喷射 这个缸的喷油器分为几组,同一组喷油器同时喷油或断油。

（3）顺序喷射 喷油器由电脑分别控制,按发动机各气缸的工作顺序喷油。如图 2-6 所示。

汽油机的燃油喷射方式

（四）按空气的计量方式分类

1. D 型汽油喷射系统

是将进气管绝对压力信号和转速信号输送给 ECU,由 ECU 根据该信号计算出充气量,再产生与之相对应的喷油脉冲,控制喷油器喷出适量的汽油。如图 2-7 所示。

2. L 型汽油喷射系统

利用空气流量计直接测量发动机的进气量电脑不必进行推算,可根据空气流量计信号和转速信号计算与该进气量相应的喷油量。如图 2-8 所示。

（五）按有无反馈信号分类

（1）开环控制系统 通过实验室确定发动机各工况的最佳供油参数,并预先存入电脑,在发动机工作时,电脑根据系统中各传感器的输入信号,判断自身所处的运行状况,并计算出最佳喷油量。其精度直接依赖于所设定的基准数据和喷油器调整标定的精度,当使用工况超出预定范围时,不能实现最佳控制。

（2）闭环控制系统 在系统中,发动机排气管上加装了氧传感器,根据排气中氧含量的变化判断实际进入气缸的混合气空燃比,再通过电脑与设定的目标空燃比进行比较,并根据

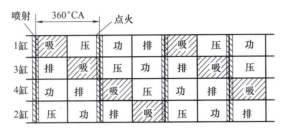

(a) 同时喷射

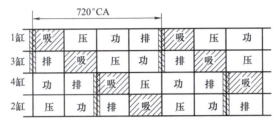

(b) 分组喷射

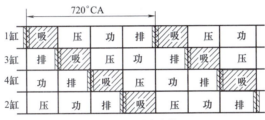

(c) 顺序喷射

图 2-6　间歇喷射分类示意图

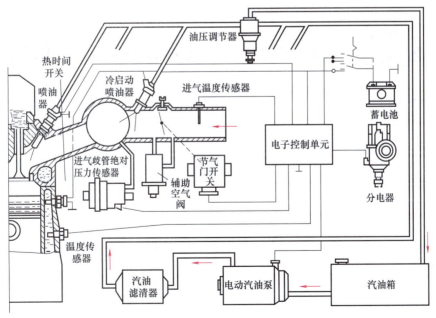

图 2-7　D 型汽油喷射系统示意图

误差修正喷油量，空燃比控制精度较高。

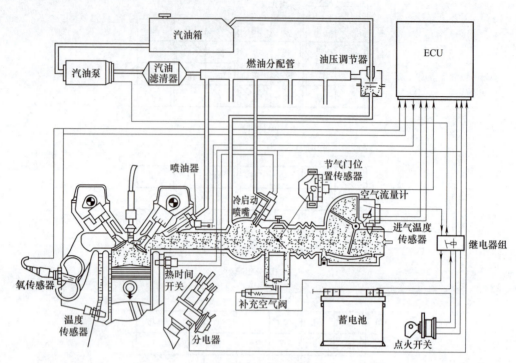

图 2-8　L 型汽油喷射系统

任务实施

任务 1　燃油系统的压力释放和压力预置

实施步骤

1. 燃油系统的压力释放

（1）目的　防止在拆卸时，系统内的压力油喷出，造成人身伤害和火灾。

（2）方法

① 启动发动机，维持怠速运转。

② 在发动机运转时，拔下油泵继电器或电动燃油泵电线接线，使发动机熄火。

③ 再使发动机启动 2～3 次，就可完全释放燃油系统压力。

④ 关闭点火开关，装上油泵继电器或电动燃油泵电源接线。

2. 燃油系统压力预置

目的：为避免首次启动发动机时，因系统内无压力而导致启动时间过长。

方法一：通过反复打开和关闭点火开关数次来完成。

方法二：① 检查燃油系统元件和油管接头是否安装好。

② 用专用导线将诊断座上的燃油泵测试端子跨接到 12V 电源上。
③ 将点火开关转至 "ON" 位置，使电动燃油泵工作约 10s。
④ 关闭点火开关，拆下诊断座上的专用导线。

3. 典型故障案例

迈腾 1.8TSI 发动机偶尔无法启动，怠速运转时高压泵有异响，正常行驶时该车加速无力。行驶里程 8000km。

（1）故障现象　发动机偶尔无法启动，怠速运转时高压泵异响，正常行驶时加速无力。

（2）故障诊断过程　利用诊断仪 VAS 5051B 检测到发动机系统的故障码为：08851P2293（故障码含义：燃油压力调节阀 N276 机械故障）。

出现该故障码可能原因分析：
① 低压油泵的油压过低或泄压严重；
② 电路中存在问题；
③ N276 本身损坏；
④ 高压泵本身机械故障；
⑤ 发动机控制单元问题。

（3）故障原因分析　根据故障码的内容利用诊断仪 VAS 5051B 观察相关数据流，如图 2-9 所示。

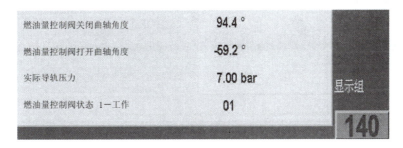

图 2-9　诊断仪 VAS 5051B 观察相关数据流（$1bar=10^5 Pa$）

从数据流中可以看出实际压力低，燃油量控制阀打开角度不正常。图 2-10 为正常车怠速时这一数据块的数值。

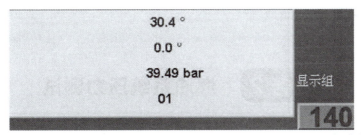

图 2-10　正常怠速时数值块的数值

从数据流对比中，可观察到故障车高压端的油压偏低。引起高压端油压偏低主要原因与故障码产生原因相符，据此我们将逐一排除故障。

（4）检查燃油压力和高压泵前的保持压力

① 检测低压油泵油压（图 2-11）
关闭 K-Jetronic 压力测量装置 V.A.G 1318 的截止阀。拉杆与流动方向横向相对。
连接 VAS 5051B。
连续按下显示屏上"汽车自诊断"-"01 发动机电子系统"和"03 执行元件诊断"的按钮。
按下显示屏上的右侧箭头键，直至显示燃油泵电子系统的执行元件诊断功能。
燃油泵必须运转。
读取 K-Jetronic 压力测量装置 V.A.G 1318 上的燃油压力。
额定值：约 7bar（1bar＝10^5Pa）（6～8bar）过压。
② 检查保持压力
通过观察 K-Jetronic 压力测量装置 V.A.G 1318 上的压力下降来检查密封性和保持压力。10min 后的过压应至少为 3.75bar。

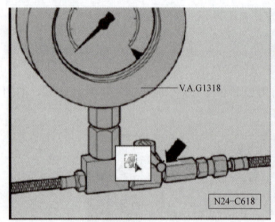
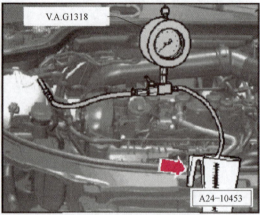

图 2-11　检查低压油泵油压

（5）检查 N276 的电路　检查 N276 的电路，包括两方面：①针阀机械卡死；②电磁线圈出现故障。检查电磁线圈的电阻，电阻正常。

由于电磁阀和高压泵是一体的，而高压泵伴随有响声，故障只能出在这个总成上，更换高压泵故障排除。

（6）故障处理方法　更换高压泵。

任务 2　燃油系统压力测试

任务准备

（1）电控发动机实训室
① 整车。需要 3 台整车（每组 1 台），要求车辆电控系统正常。
② 展示台架。汽车发动机电控系统展示台架，通过该设备学生可以学会汽车电路的基

项目二 燃油喷射控制系统原理与检修

本知识,理解相关内容。

③ 多媒体设备。电脑、投影仪用于播放 PPT、视频和查阅资料。

(2) 常用/专用工具设备(表 2-1)

表 2-1 常用/专用工具设备

名称	说　　明
工具车	数量:每组一辆 用途:用于存放零部件、工具等,确保做到"三不落地"(工器具与量具不落地、设备零部件不落地、油污不落地)
工具	数字万用表,汽车示波器,12V/5V 变压器,一字或十字螺丝刀,电控台架 5 台,良好的或故障的燃油泵及喷油嘴 1~2 只 用途:学习燃油泵的工作原理并进行测量
手电筒	数量:每组 1 个 用途:照明
抹布	数量:每组 1 条 用途:擦拭工具配件

任务实施

1. 燃油系统压力的释放方法

① 启动发动机,维持怠速运转。

② 在发动机运转时,拔下油泵继电器或电动燃油泵电源接线,使发动机自行熄火。

③ 再使发动机启动 2~3 次,即可完全释放燃油系统压力。

④ 关闭点火开关,装上油泵继电器或电动燃油泵电源接线。

2. 燃油系统压力测试

通过测试燃油系统压力,可诊断燃油系统是否有故障,进而根据测试结果确定故障性质和部位。测试时需使用专用油压表和管接头,测试方法如下:

① 检查油箱内燃油应足够,释放燃油系统压力。

② 检查蓄电池电压应在 12V 左右(电压高低直接影响燃油泵的供油压力),拆开蓄电池负极电缆线。

③ 将专用油压表连接到燃油系统中。

④ 将溅出的汽油擦净,重新接好蓄电池负极电缆线,启动发动机并维持怠速运转。

⑤ 拆开燃油压力调节器上的真空软管,并用手指堵住进气管一侧的管口。检查油压表指示压力应符合标准:一般多点喷射系统压力应为 0.25~0.35MPa,单点喷射系统压力应为 0.07~0.10MPa。若燃油系统压力过低,可夹住回油软管以切断回油管路,再检查油压表指示压力,若压力恢复正常,说明燃油压力调节器有故障,应更换;若仍压力过低,应检查燃油系统有无泄漏,燃油泵滤网、燃油滤清器和油管路是否堵塞,若无泄漏和堵塞故障,应更换燃油泵。

若油压表指示压力过高,应检查回油管路是否堵塞;若回油管路正常,说明燃油压力调节器有故障,应更换。

⑥ 如果测试燃油系统压力符合标准,使发动机运转至正常工作温度后,重新接上燃油

压力调节器上的真空软管，检查燃油压力表指示压力应略有下降（约0.05MPa），否则应检查真空管路是否堵塞或漏气；若真空管路正常，说明燃油压力调节器有故障，应更换。

3. 典型故障案例

迈腾1.8TSI发动机燃油压力调节阀N276机械故障，导致发动机故障灯报警。行驶里程27041km。

（1）故障现象　车主反映车在行驶过程中，发动机突然加速无力，发动机故障灯报警。

（2）故障诊断过程

① 试车发现，发动机故障灯报警，且发动机最高转速只能达到3000r/min。

② 连接VAS5051检测仪对发动机控制单元进行检测，显示故障码如下：

08851——Fuel Pressure Regulator Valve N276 Mechanical Malfunction 燃油压力调节阀N276机械故障。

③ 综合分析上述故障现象及故障码，用VAS5051读取发动机运转时的工作油压，（01-08-140-3区，显示组第三区的数值为7bar，结果不正常，怠速时正常值应为：40bar左右），显然此车的高压供油系统工作不正常，高压供油系统无高压的原因主要有以下几种可能。

a. 低压燃油系统压力过低，造成进入高压油泵的油量不足，导致高压系统油压过低。

b. 燃油压力调节阀N276故障，导致无法建立正常的高压（怠速时40bar左右）。

c. 高压泵内机械故障，造成高压泵内的堵塞，无法建立高压。

结合该车故障码及故障现象，初步判断该车故障点为燃油压力调节器N276故障导致高压燃油压力过低，出现加速无力的故障。但是为了区分是N276调节阀电路故障还是机械故障，使用VAS5051对N276做如下元件功能测试，具体如下。

用VAS5051进入发动机控制单元01，选择功能03-执行元件测试，选择燃油压力调节器N276电磁阀，这时可听见N276电磁阀"嗒嗒"的声音，同时用手触摸N276电磁阀有振动现象，经检查燃油压力调节器N276电磁阀工作正常。至此，把故障点锁定在燃油调节阀的高压泵上，更换高压泵，故障排除。

注意：在检查燃油压力调节器N276电磁阀是否工作时，禁止给N276电磁阀持续通正电，否则N276电磁阀立刻会烧坏，只能利用VAS5051等诊断仪器的执行元件自诊断功能对N276电磁阀进行检查。

④ 更换燃油压力调节阀（与高压泵集成在一起）N276后试车一切正常，读取高压供油系统燃油压力为：40bar左右。如图2-12所示。

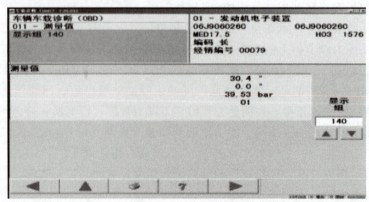

图2-12　读取高压供油系统燃油压力

（3）故障排除方案 更换发动机燃油系统高压泵（与燃油压力调整阀 N276 集成在一起），故障排除。

知识拓展

缸内直喷式汽油机

1. 概述

缸内直喷就是将燃油喷嘴安装于气缸内，直接将燃油喷入气缸内与进气混合。喷射压力也进一步提高，使燃油雾化更加细致，真正实现了精准地按比例控制喷油并与进气混合，并且消除了缸外喷射的缺点。同时，喷嘴位置、喷雾形状、进气气流控制，以及活塞顶形状等特别的设计，使油气能够在整个气缸内充分、均匀地混合，从而使燃油充分燃烧，能量转化效率更高。如图 2-13 所示。

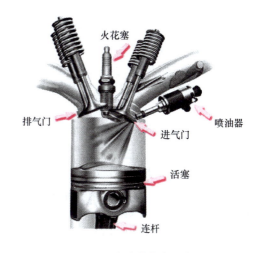

图 2-13 缸内喷射技术示意图

相比歧管喷射，缸内直喷就是直接把喷油嘴设置在气缸内壁上，直接将燃油喷入气缸内与进气混合，这样做的结果就是空气和燃料的比例达到 40：1（普通汽油发动机的比例是 15：1），实现稀薄燃烧，这样发动机可以达到更高的压缩比。简单地说就是油耗更低，升功率更大；具体能比同样排量的发动机的扭矩高出 10%。

（1）缸内直喷的优势

① 节气门开度较进气道喷射发动机开度增加，泵气损失减少。发动机自身损失减少。

② 发动机稀薄燃烧提高燃油经济性。

③ 压缩比增加，发动机热效率提高。与同排量的一般发动机相比功率与扭矩都提高了 10% 以上。

④ 喷射压力也进一步提高，使燃油雾化更加细致，真正实现了精准地按比例控制喷油并与进气混合。

⑤ 进气口喷射发动机，20% 喷嘴装在气缸盖上进气门的背面，80% 安装在进气歧管上靠近气缸盖位置，在发动机启动时，会在进气门附近形成瞬时的液态油膜，这些燃油会在每次进气过程逐渐蒸发进入气缸燃烧。冷机启动时由于燃油蒸发困难，使得实际供油量远大于需求空燃比的供油量，这样会导致冷启动时发动机有 4~10 个循环的不稳定燃烧，显著加大发动机未燃 HC 排放。而缸内直喷可以克服这个问题。

⑥ 缸内直喷发动机加减速时不需要补偿油膜。之所以需要加减速修正，主要原因是进气道喷射存在燃油油膜，当负荷快速变化，油膜平衡改变，需要在短时间内通过喷射量来进行修正；次要原因是为了弥补传感器对变工况的延迟。

（2）缸内直喷的不足

① 增加压缩比，提高燃烧效率，前面已经提到，由于汽油直接喷油燃烧室内，汽油蒸发吸收大量热，发动机总体燃烧爆震的趋向降低，因此可以增加发动机压缩比以提高效率。

提高压缩比后，在低转速大负荷区，仍旧采用的是传统燃烧模式（均质燃烧），在这个区域本身就是一个易发生爆震的区域，而加大压缩比后更容易出现爆震，有时甚至会出现超级爆震，也就是用传统的方法无法消除。

② 测试证明，启动过程和启动后阶段所排放的有害物质能够达到排放物总量的 90%（法规循环工况）。采用"分层燃烧启动"和"两次喷射加热"相结合的方法去改善。

③ 在低负荷、过渡工况和冷启动的情况下，缸内直喷发动机的微粒排放比进气道喷射发动机有明显增加。

④ 中小负荷下未燃碳氢的排放较多，其主要原因有采用分层混合气时引起火焰从浓区向稀区的熄灭，稀空燃比工作条件造成缸内温度偏低，也不利于未燃碳氢随后的继续氧化。

⑤ 因为空燃比不在理论空燃比附近，目前成熟的三元催化技术不能得到有效利用，因而 NO_x 排放较高。另外，GDI 发动机较高的压缩比和较快的反应放热率也会引起 NO_x 升高。

⑥ 气缸内的燃烧沉积物较多造成火花塞污染。

⑦ 发动机积炭，相比排气门背部，进气门背部的积炭相对要严重些。曲轴箱通风系统是一大诱因，机油蒸汽会被引入到进气歧管从而通过进气门进入气缸燃烧，附着在进气道以及进气门背部的机油在高温的作用下形成了积炭，在缺少"自清洁"能力的条件下（喷嘴在缸内无法冲刷），积炭就会更为严重。反观排气门部位，受到高温和排气气流作用，其形成积炭的压力本身就比进气门要小。

因此，缸内直喷科技并非无敌，因为从经济层面来看，采用缸内直喷的供油系统除了在研发过程必须花费更大成本，在部件构成复杂且精密的情况下，零组件的价格也比起传统供油系统更昂贵，因此这些也都是未来缸内直喷发动机尚待克服的要素。

2. 常见的缸内直喷技术

(1) TSI（图 2-14） 代表车型：国外大众的 1.4T 发动机，以及进口尚酷 1.4T。

TSI 是 Twincharger Fuel Stratified Injection 首字母的缩写，通过字母表面意思可以理解为双增压＋分层燃烧＋喷射的意思。TSI 发动机是在 FSI 技术的基础之上，安装了一个涡轮增压器和一个机械增压器，鉴于涡轮增压和机械增压的特性，机械增压可以从怠速开始就能为发动机提供增压效果，弥补了涡轮增压系统的延时缺点，所以 TSI 是一种极高效率的发动机形式，会是动力性与燃油经济性的完美统一。不过，国内生产的 1.4T 发动机仅保留了涡轮增压和缸内直喷。

大众 1.8/2.0TSI 中的"TSI"则代表着 Turbo Fuel Stratified Injection，通过字母表面意思可以理解为涡轮增压＋分层燃烧＋缸内直喷的意思，不过国内则省掉了分层燃烧。

(2) TFSI（图 2-15） FSI 是大众/奥迪的汽油缸内直喷技术，FSI 可将燃油直接喷入燃烧室，降低了发动机的热损失，从而增大了输出功率并降低了燃油消耗，对于燃油经济性和动力性都有帮助。

TFSI 就是带涡轮增压（T）的 FSI 发动机，简称 TFSI，一般奥迪系列车型会这么称呼，大众系列直喷且带增压的发动机简称为 TSI。不过由于国内油品的问题，国产奥迪 TFSI 并没有使用分层燃烧技术。

(3) FSI（图 2-16） FSI，它所代表的单词直译为燃油分层喷射，它是大众汽车直喷发动机的标志代码。那么 FSI 发动机有什么好处？装载它的汽车又能带给我们怎样的惊喜呢？与那些把汽油喷入进气歧管的发动机相比，FSI 发动机的主要优势有：动态响应好、功率和

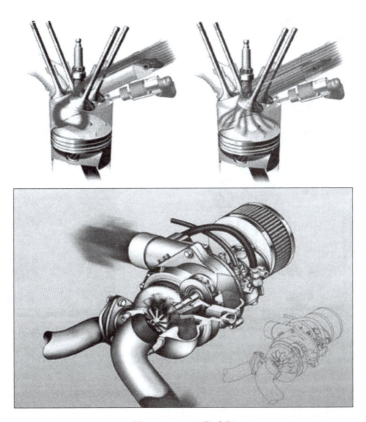

图 2-14　TSI 发动机

图 2-15　TFSI 发动机

扭矩可以同时提升、燃油消耗降低。FSI 是目前大众主推的发动机技术。

理论上，FSI 发动机至少有两种燃烧模式：分层燃烧和均质燃烧，有人还把均质燃烧模式细分为均质稀燃模式和均质燃烧模式。从 FSI 所代表的 Fuel Stratified Injection 含义上看，分层燃烧应该是 FSI 发动机的精髓与特点，不过也可以理解为它的研发起点和基础。

分层燃烧的好处在于热效率高、节流损失少、有限的燃料尽可能多地转化成工作能量。

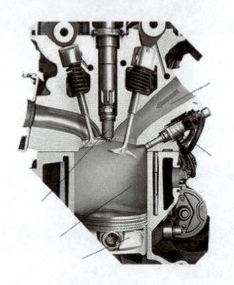

缸内分层燃烧原理示意图

二次喷油实现分层燃烧

进气行程喷油(第一次喷油)

压缩行程末端喷油(第二次喷油)

图 2-16　FSI 发动机

分层燃烧模式下节气门不完全打开，保证进气管内有一定真空度（可以控制废气再循环和炭罐等装置）。这时，发动机的扭矩大小取决于喷油量，与进气量和点火提前角关系不大。

分层燃烧模式在进气过程中节气门开度相对较大，减少了一部分节流损失。进气过程中的关键是进气歧管中安置一翻板，翻板向上开启（原理与性质，实际机型可能有所不同）封住下进气歧管，让进气加速通过，与ω形活塞顶配合，相成进气涡旋。

分层燃烧时喷油时间在上止点前60°至上止点前45°，喷射时刻对混合气的形成有很大影响，燃油被喷射在活塞顶的凹坑内，喷出的燃油与涡旋进气结合形成混合气。混合气形成发生在曲轴转角40°～50°范围内，如果小于这个范围，混合气无法点燃，若大于，就变成均质状态了。分层燃烧的空燃比一般在1.6～3之间。点火时，只有火花塞周围混合状态较好的气体被点燃，这时周围的新鲜空气以及来自废气再循环的气体形成了很好的隔热保护，减少了缸壁散热，提升了热效率。点火时刻的控制也很重要，它只在压缩过程终了的一个很窄的范围内。均质稀燃模式混合气形成时间长，燃烧均匀，通过精确控制喷油，可以达到较低的混合气浓度。均质稀燃的点火时间选择范围宽泛，有很好的燃油经济性。

均质稀燃与分层燃烧的进气过程相同，油气混合时间加长，形成均质混合气。燃烧发生在整个燃烧室内，对点火时间的要求没分层燃烧那么严格。均质稀燃的空燃比大于1。

均质燃烧则能充分发挥动态响应好、扭矩和功率高的特点。均质燃烧进气过程中节气门位置由油门踏板决定，进气歧管中的翻板位置视不同情况而定。当中等负荷时，翻板依然是关闭的，有利于形成强烈的进气旋流，利于混合气的形成与雾化。当高速大负荷时，翻板打开，增大进气量，让更多的空气参与燃烧。均质燃烧的喷油、混合气形成与燃烧和均质稀燃模式基本一样。均质燃烧情况下空燃比小于或等于1。

以上三种燃烧状态是FSI发动机特有的燃烧控制模式，但其中有些方面还停留在理论优势方面。现在奥迪在全球发布的FSI发动机还都采用均质燃烧模式，这不是说分层燃烧不可实现，而只是说分层燃烧实施的成本或时机还不成熟。主要表现在分层燃烧用稀混合气，提高了缸内温度也提高了氮氧化物这样的有害排放物。对于稀混合气，普通的三元催化器很难把氮氧化物转换干净，那么需要额外的降低氮氧化物的催化转换器，无疑加重了空间和成本的负担。另外，现阶段高硫含量的汽油对此催化器损害很大，因此还有改造炼油设备，提升燃油品质的成本。

没有了分层燃烧会不会让 FSI 发动机的原有优势荡然无存？答案是否定的。即使没有应用分层燃烧，FSI 发动机还有能提升压缩比、降低燃烧残油量的特点。FSI 发动机采用缸内直喷，汽油在缸内蒸发产生内部冷却效果，这样就降低了爆震的可能性，可适当提升压缩比。而进气涡旋与气门正时的配合能使未燃烧的残油得到良好的再利用。这样，FSI 发动机仍能在提高动力、降低油耗方面有较大的作为。

FSI 发动机产生的效果可以从奥迪公司公布的发动机指标看出来。以 3.2L FSI 和 4.2L FSI 为例，对比的机型分别是以前的 3.0L 和 4.2L 汽油机。功率上，3.2L FSI 发动机是 257 马力，比原机型的 218 马力提升了 39 马力，4.2L FSI 发动机的 350 马力比原机型的 335 马力提升了 15 马力；在最大扭矩上，是 3.2L FSI 的 330N·m 对原机型的 290N·m，4.2L FSI 的 440N·m 对原机型的 420N·m。

（4）SIDI　通用将燃油直喷技术的代号表示为 SIDI，SIDI 是 Spark Ignition Direct Injection 的缩写，直译为火花点燃直接喷射技术。

其实现的原理和一般的直喷发动机并无二致：凸轮轴驱动的燃油泵为供油系统提供高压燃油，共轨喷油嘴将高压燃油直接注入气缸，点火时间就可以得到精确的控制，而且高压喷射和极细的喷嘴设计则保证了喷油量的精确计算。缸内直喷技术代替了传统 MPFI（多点电喷）技术之后，发动机在低转速下燃烧效率被进一步提升。

另外，通用的 SIDI 技术依靠的是缸内均质燃烧来提升效率，并没有使用稀薄分层燃烧技术。由于国内油品的限制，引入国内的直喷发动机均不使用分层燃烧，通用的 SIDI 也没有例外。

小　结

1. 发动机出现燃油高压系统故障的典型故障现象：
（1）发动机故障灯报警；
（2）高压系统的燃油压力为 7bar；
（3）发动机最高转速只能达到 3000r/min；
（4）发动机控制单元内存储 N276 机械故障的故障码。
2. 因汽油品质导致的燃油压力调节阀损坏，更换燃油压力调节阀的同时，须更换汽油滤清器，并清洗油路。

复习思考题

一、填空题

1. 电控喷射系的燃料供给系统包括（　　）。
A. 滤清器脉动阻尼器　　　　　　B. 燃油分配管喷油器
C. 冷启动喷油器　　　　　　　　D. 油压调节器
2. 关于电控喷射系控制系统的表述正确的是（　　）。

A. 电控喷射系控制系统由传感器、电控单元和执行器三大部分构成

B. 电控单元（ECU）接受来自各个传感器传来的信号，完成对这些信息的处理并发出指令控制执行器的动作

C. 传感器担负侦察与收集发动机的各种工作情况任务

D. 执行器执行 ECU 指挥部的各种决策命令，完成各自任务

3. 电控汽油喷射系统按喷射部位可分为（　　）。

A. 缸内喷射　　　　B. 多点喷射　　　　C. 缸外喷射　　　　D. 连续喷射

4. 电控汽油喷射系统按喷射方式可分为（　　）。

A. 同时喷射　　　　B. 分组喷射　　　　C. 缸内喷射　　　　D. 连续喷射

5. D 型电控汽油喷射系统包括（　　）。

A. 节气门位置传感器 TPS　　　　　　B. 歧管压力传感器 MAP

C. 温度开关　　　　　　　　　　　　D. 曲轴位置传感器 CPS

二、判断题

1. L 型电控汽油喷射系统由空气流量计（AFS）直接测量发动机的进气量，取代进气压力传感器（MAP）。（　　）

2. 在电控系统中，当自诊断系统判定某传感器或其电路出现故障（即失效）时，由自诊断系统启动而进入工作状态，给 ECU 提供设定的目标信号来代替故障信号，以保持控制系统继续工作，确保发动机仍能继续运转。（　　）

3. 电喷发动机燃料供给系的作用是向气缸内供给燃烧时所需一定量的燃油。（　　）

4. 电喷机的点火系统是利用计算机控制，点火与喷油一体化网络控制。（　　）

5. EFI 系统由进气、供油、控制三大系统组成。（　　）

项目三 燃油供给系统原理与检修

 知识目标

1. 熟悉燃油供给系统的结构。
2. 熟悉燃油系统各元器件的作用及工作原理。
3. 熟悉燃油泵、喷油器及其控制电路的工作原理。
4. 熟悉燃油供给系统的诊断方法及诊断程序。

 能力目标

1. 能够根据故障现象初步判断燃油供给系统的故障原因。
2. 能够使用工具,利用维修手册按照正确的操作方法对燃油供给系统电控元器件进行拆装。
3. 能够使用合适的设备对燃油供给系统元器件进行检测。
4. 能够诊断、排除燃油供给相关的故障。
5. 能够熟练运用维修手册拆分燃油供给系统电路图。
6. 能够使用资料说明、核查、评价自身的工作成果。

任务导入

某单位一辆 2013 款捷达,行驶 33000km,在加油后的第二天早晨突然无法启动,使用单位另一辆迈腾将其拖来,要求检查并清洗油路,排除捷达故障,同时要求将迈腾(1.8T 燃油直喷发动机)的喷油器进行检查清洗。

 学习指引

电控燃油喷射系统中的燃油供给系统的作用是当发动机工作时,供给发动机足够数量的燃油,同时能够使多余的燃油返回油箱。燃油供给系统由燃油箱、电动汽油泵、汽油滤清器、燃油分配管(油轨)、回油管、油压调节器和喷油器等组成,如图 3-1 所示。

一般轿车燃油供给系统各部件在车身上的安装位置基本相同,图 3-2 所示为捷达轿车燃油供给系统各部件在车身上的布局。

汽车发动机电控系统检修

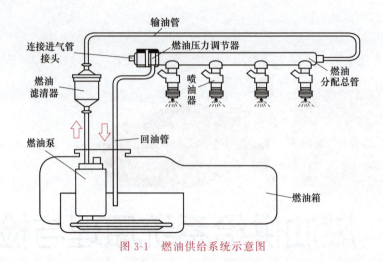

图 3-1 燃油供给系统示意图

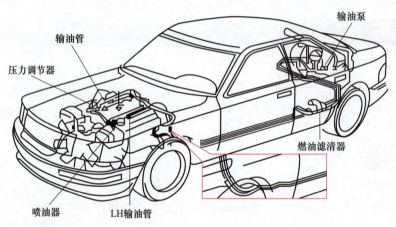

图 3-2 捷达轿车燃油供给系统各部件在车身上的布局

相关知识

一、燃油箱

燃油箱，即燃油储存装置，对耐腐蚀性要求高。早期的燃油箱大多由金属材料制成，后来多改用合成材料以满足轻量化及结构设计的要求。在弯道行驶、倾斜路面或受到冲击时燃油不应从加液的密封盖或压力平衡装置流出。燃油箱必须离开发动机安装，以免在出现交通事故时点燃燃油。因此，常见轿车的燃油箱一般安装于后排座椅的后下部，壳体采用高密度聚乙烯吹塑成型，其优点是抗冲击、耐腐蚀、质量小、易成型，并且结构紧凑、位置隐蔽，提高了汽车的行驶安全性。扁平的结构降低了高度，增加了装油量，增加了汽车的行驶里程。

二、燃油滤清器

汽油滤清器简称汽滤（如图 3-3 所示，箭头方向为汽油流向），其位于输油泵的出口一侧，工作压力较高，通常采用金属外壳。目前，汽油滤清器普遍采用微孔纸质滤芯，经酚醛树脂处理，制成折叠筒式，具有通过性

燃油滤清器

能好、滤清效率高、结构简单、成本低、保养容易等优点。汽油滤清器主要作用是将汽油中的水分和杂质滤除。

汽油滤清器作为电喷系统的重要零部件，只有原厂配套或超出配套品质的汽油滤清器才能提供电喷系统要求的清洁燃油，从而使发动机性能达到最优化，同时也给发动机提供了最佳保护。

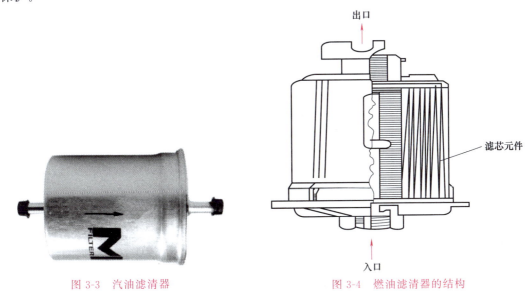

图 3-3 汽油滤清器　　　　图 3-4 燃油滤清器的结构

燃油滤清器的结构如图 3-4 所示，燃油从入口进入滤清器，经过壳体内的滤芯过滤后，清洁的燃油从出口流出。

三、电动燃油泵

电动汽油泵的作用是将汽油从油箱中吸出，加压后经喷油器喷入发动机进气歧管或气缸内。汽油泵根据安装位置不同分为外装泵和内装泵两种。外装泵是将泵装在油箱之外的输油管路中，内装泵则是将油泵安装在燃油箱内。与外装泵相比，内装泵不易产生气阻和燃油泄漏，且噪声小。目前大多数电控汽油喷射系统采用内装泵，驱动油泵电动机与泵做成一体，装在壳体内。工作时泵内充满燃油，故也称为湿式燃油泵，如图 3-5 所示。

燃油泵

按燃油泵结构形式，电动燃油泵可以分为滚柱式、涡轮式、侧槽式和转子式。其中滚柱式燃油泵在外装式和内装式中都有采用，但滚柱式燃油泵泵油时，油压脉动大，必须有油压脉动衰减器，近年来已很少采用，目前，轿车上大多采用内装式涡轮泵。

涡轮式电动燃油泵主要由油泵电动机、涡轮泵、泄压阀、出油阀等组成，如图 3-6 所示。电动机通电即带动泵体旋转，将燃油从进油口吸入，流经电动燃油泵内部，再从出油口压出，给燃油系统供油。

注意：油泵内的电动机是用汽油冷却和润滑的，因此，油箱内油面一定不能低于某一定值，以免电动机烧毁。

四、电动燃油泵控制电路

1. 电动燃油泵的控制功能

① 预运转功能。当点火开关打开而不启动发动机时，油泵能预先运转 3~5s，向油管中

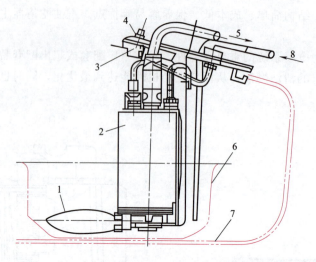

图 3-5 油箱内安装的电动燃油泵

1—进油滤网；2—电动燃油泵；3—隔振橡胶；4—支架；
5—燃油出油管；6—小油箱；7—油箱；8—回油管

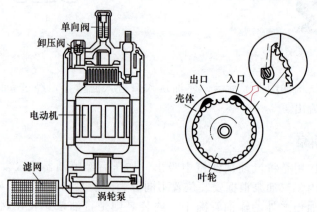

图 3-6 油箱内安装的涡轮式电动燃油泵

预充压力燃油，保证顺利启动。

② 启动运转功能。在发动机启动过程中，油泵能同时运转，保证启动供油。

③ 恒速运转功能。在发动机正常运转过程中，油泵能始终恒速运转，保证正常的泵油压力和泵油量。

④ 变速运转功能。燃油泵能根据发动机工况的变化控制油泵高、低速运转变化。发动机高速、大负荷工况下油耗较多时，燃油泵高速运转；发动机低速、小负荷工况下油耗较少时，燃油泵低速运转，减少不必要的燃油泵磨损和电能消耗。

⑤ 自动停转保护功能。发动机熄火后，即使点火开关仍处于接通状态，油泵也能自动停转。这一功能可防止汽车因碰撞等事故造成油管破裂，燃油大量外流，从而避免因点火开关处于接通位置时引起火灾。

各车型控制电路所能实现的控制功能不尽相同，下面以凯越轿车油泵电路图（如图3-7所示）为例简要说明。

图3-7所示为凯越轿车燃油泵的电路连接图。当点火开关接通时，发动机控制模块将提

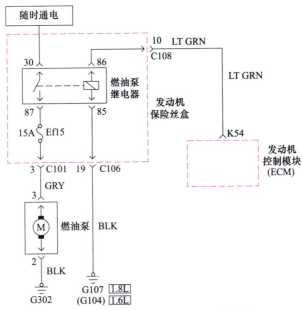

图 3-7 凯越轿车燃油泵的电路连接图

供电压,使燃油泵继电器通电并运转燃油箱内的燃油泵。只要发动机转动或者运行且发动机控制模块接收点火基准脉冲信号,燃油泵就会工作。如果没有基准脉冲,发动机控制模块将在点火开关接通 2s 后关闭燃油泵。

2. 燃油泵的检修

作为电控燃油喷射系统的关键部件之一,电动燃油泵对发动机的性能有影响。如果燃油泵或控制电路出现故障,将会造成供油系统没有燃油压力或压力过低,即使喷油器工作正常,燃油也不能正常喷射。

① 燃油泵电阻的检测。关闭点火开关,拔下燃油泵通电端子,用万用表检测两通电端子之间的电阻,即为燃油泵直流电动机线圈电阻,其阻值应为 2~3Ω(20℃时)。如电阻不符,则须更换电动燃油泵。

② 燃油泵控制电路检查。检修前应确定蓄电池电压正常,燃油滤清器正常。打开点火开关,燃油泵应运转 2s。如果燃油泵不运转,应关闭点火开关,拔下燃油泵继电器,检查其供电情况。

③ 燃油泵工作情况检查。可通过燃油泵泵油量的多少来检查燃油泵的工作情况。检查时,先对燃油系统泄压,然后将带开关的燃油压力表接到供油管接头上,另一端接一根出油管,下面放一量杯。关闭油压表开关,接通燃油泵继电器,使油泵运转,直至系统油压达到 300kPa。打开油压表开关,让燃油流入量杯。30s 后,关闭油压表开关,再使燃油泵停止转动,量杯中的燃油量就是燃油泵运转 30s 的泵油量。

五、喷油器

1. 喷油器的类型

喷油器是电控汽油喷射系统中一个重要的执行元件,它的类型按结构不同可以分为轴针式、球阀式、片阀式三种,目前应用最广泛的是轴针式喷油器。作用是根据发动机 ECU 的指令控制燃油喷射,即在ECU的控制下将汽油呈雾状喷入进气总管或进气歧管内。大多数电控燃油喷射发动机的喷油器通过绝缘垫圈安装在进气歧管或进气道附近的缸盖上,并由供油总管将其固定(如图3-8所示)。

现在电控燃油喷射系统中都是用电磁式喷油器(如图3-9所示)。喷油器的磁化线圈可以按任何特性值绕制,但典型的一种是低电阻型喷油器(阻值为2~5Ω);另一种是高电阻型喷油器(阻值为12~17Ω)。通电时,喷油器头部针阀打开,一定压力的燃油呈雾状喷入进气总管或进气歧管内,与空气混合进入气缸内。ECU利用脉冲的宽度来控制喷油器每次打开喷油的时间,从而达到控制喷油量的目的。一般喷油器每次打开喷油的时间为2~10ms,打开时间越长,喷油量越大。

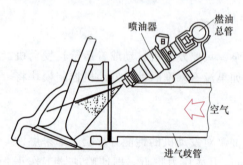

图3-8 喷油器安装位置

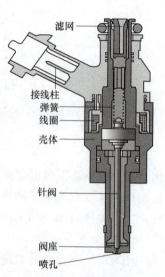

图3-9 喷油器结构

喷油器的燃油喷射量包括静态喷射量和动态喷射量。其中静态喷射量是指喷油器在规定的喷油压力和喷油背压下,使阀体保持最大开度位置时单位时间内的喷油量,单位是cm^3/min或mL/min,静态喷射量表示了喷油器的理论喷射能力。动态喷射量是指在某一通电时间内喷油器的实际燃油喷射量。常以通电时间为2.5ms时喷油器的喷射量来表示,单位是mm^3/str(立方毫米/行程)。所以动态喷射量反映了喷油器的实际供油能力。

2. 喷油器及其控制电路检修

以桑塔纳2000GSi AJR发动机为例:

(1)工作状态检查。发动机运转时,用手接触喷油器,应可感触到喷油的脉动。喷油器拆下,通12V电压时,可听到接通和断开的声音(注意:通电时间应不大于4s,再次实验应间隔30s,避免喷油器发热烧坏)。

(2)电阻检测。检查喷油器电阻,室温条件下为13~18Ω,当发动机热机后,会有4~6Ω的增量。

(3)供电电压检测。打开点火开关用万用表检测喷油器插头端子1与接地之间的电压,应等于12V蓄电池电压。如果电压值不符合要求,则应检查插头端子1到保险丝之间的线路有无断路或接触不良。

(4)控制信号的检测。在喷油器插头的两端子之间接上二极管试灯,启动发动机,试灯应闪烁。若试灯不闪亮,说明线路、传感器或电脑有故障,须检查线路、曲轴位置传感器、凸轮轴位置传感器和电脑。

(5) 喷油脉宽的检测。用故障诊断仪读取喷油信号的数据流,怠速时,喷油脉宽正常值为 2~5ms。

(6) 波形检测。启动发动机,以 2500r/min 的转速保持节气门开度 2~3min,直至发动机完全热机,同时燃油反馈系统进入闭环。关掉空调和所有附属用电器,置于空挡位置,缓慢加速并观察在加速时喷油驱动器喷油脉宽也应该相应增加。

六、燃油压力调节器

1. 燃油压力调节器安装位置

如图 3-10 所示,大多数轿车燃油压力调节器与供油总管焊接成一体。它的主要功用是调节供油总管的燃油压力,使供油总管中的燃油压力与进气歧管的压力之差保持常数,这样从喷油器喷出的燃油量便只取决于喷油器的开启时间,使 ECU 能够通过控制电脉冲宽度来精确控制喷油量。

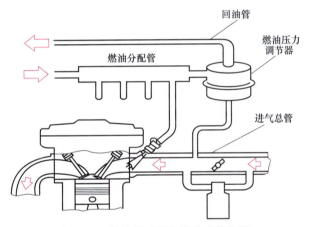

图 3-10 燃油压力调节器的安装位置

燃油压力调节器的构造如图 3-11 所示。油压调节器的膜片将油压调节器分隔成气室和油室两个腔。油室进油口与供油总管相连,回油口通过回油管与燃油箱相通。气室通过真空管与节气门后的进气管相连。汽油泵工作时,当产生的燃油压力与进气管压力之差超过弹簧预调压力值时,膜片上方的燃油就推动膜片向气室方向压缩弹簧,打开回油阀,多余的燃油流回油箱,使燃油压力下降,所以供油总管及压力调节器燃油室的油压总保持在设定的油压值上。也就是说,不论进气歧管真空度如何变化,油压调节器都能使喷油器燃油压力保持在恒定值,使喷油压力保持在 0.25~0.35MPa 之间。

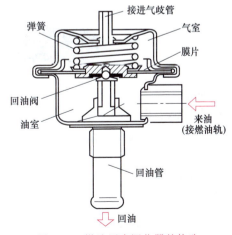

图 3-11 燃油压力调节器的构造

2. 无回油系统

在汽油机传统燃油供给系统中，由燃油压力调节器根据进气管内的气体压力变化来调节输油管内燃油压力，从而保证喷油压差恒定，但输油管内的燃油压力是不恒定的，多余的燃油从回油管流回到油箱。

无回油管燃油系统实际并不是真的没有回油管，只是将回油管和燃油压力调节器与燃油泵一起组合安装在燃油箱内，燃油压力调节器一般也安装在燃油泵壳体内，如图3-12所示。

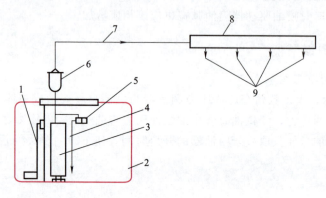

图 3-12　无回油管燃油系统示意

1—油位传感器；2—燃油箱；3—燃油泵；4—回油管；5—燃油压力调节器；
6—燃油滤清器；7—输油管；8—燃油分配管；9—喷油器

在无回油管燃油系统中，由于燃油泵供给的多余燃油在油箱完成回流，从而避免了回油吸热导致油箱内油温升高的现象。

无回油管燃油系统减少了油箱外的连接件，不仅使燃油供给系统的结构简化、拆装方便、故障减少、成本降低，而且有利于降低燃油的蒸发损失和排放污染，所以其应用也越来越普遍。

任务实施

任务 1　喷油器的检测

任务准备

2013款新捷达轿车一辆、相关发动机台架两台、喷油器清洗机一台、汽车诊断仪、万用表、全新喷油器一组（4个）、配套电路图、跨接线若干、试灯。

实施步骤

（1）根据所提供电路图，拆画喷油器电路图，并进行故障分析。
规范画出喷油器电路图并标出电流走向。

项目三 燃油供给系统原理与检修

（2）根据电路图和故障现象分析可能出现的故障点。

序号	可能存在故障点
1	
2	
3	
4	
5	
6	

（3）拆装喷油器。查找维修手册，正确拆装喷油器（步骤如下）。

① 燃油系统泄压。

② 拆卸蓄电池线。

③ 拆卸供油轨。

④ 拆卸油压调节器。

⑤ 拆卸喷油器。

拆装喷油器注意事项：

① 各缸的喷油器插头不得插错。

② 安装喷油器时，在与燃油分配管相连接的上部 O 形圈的表面涂上无硅的洁净机油。注意不要让机油进入喷油器内部及喷孔。

③ 喷油器的安装用手进行，禁止用锤子等工具敲击喷油器。

④ 拆卸和重新安装喷油器时，必须更换 O 形圈。不得损伤喷油器的密封面。

⑤ 安装完喷油器后进行燃油分配管总成密封性检测，无泄漏者方为合格。

（4）喷油器的检查。

步骤	检查项目	检查内容	检查结果	使用工具
1	动作测试	执行元件动作测试	喷油器应咔嗒响	诊断仪
2	喷油器电阻	喷油器阻值：12～17Ω（环境温度20℃）		
3	测量线束	喷油器到 ECU 之间的电阻最大 1.5Ω		
		启动时二极管能否亮		二极管示灯
4	滴漏检查	燃油泵运转时，每个喷油器每分钟滴漏油只可 1～2 滴		喷油器清洗机
5	喷油量检查	测试 30s，所有量杯对比，且每个喷油器 133～157mL		
6	雾化性能	喷油角度 45°		

任务 2　　喷油器的波形分析

任务准备

2013款新捷达轿车一辆、相关发动机台架两台、示波器、汽车诊断仪、万用表、全新喷油器一组（4个）、配套电路图、跨接线若干、试灯。

实施步骤

① 检查喷油器工作时的工作电压。
② 检查喷油器与电控单元之间的线路连接。
③ 连接示波器到喷油器线路上。
④ 打开点火开关，启动发动机，观察喷油器工作波形，并绘制波形图。
⑤ 根据喷油器检查结果，对喷油器进行结果分析。

喷油器波形图：

喷油器波形分析：

项目三　燃油供给系统原理与检修

任务 3　油泵的检测

任务准备

2013 款新捷达轿车一辆、相关发动机台架两台、汽车诊断仪、万用表、全新油泵、配套电路图、跨接线若干、试灯。

实施步骤

① 根据所提供电路图，拆画油泵电路图，并进行故障分析。

规范画出油泵电路图并标出电流走向。

② 根据电路图和故障现象分析可能出现的故障点并检修。

序号	可能存在故障点	检查结果
1		
2		
3		
4		
5		
6		

③ 参照维修手册，填写拆汽油泵的前提条件，并拆卸汽油泵。

序号	拆卸汽油泵的前提条件
1	泄压
2	
3	
4	
5	

39

拆卸油泵后，外观检查。

项目	检查结果
是否有杂质	
是否堵塞	
是否有异常	

任务 4　燃油压力调节器的检测

任务准备

2013款新捷达轿车一辆、相关发动机台架两台、汽车诊断仪、万用表、油压调节器、燃油压力表、跨接线若干、试灯若干。

实施步骤

（1）燃油系统压力释放的方法

① 启动发动机，维持怠速运转。

② 拔下油泵继电器或油泵的电源接线，启动发动机，使发动机自行熄火。

③ 再使发动机启动 2～3 次，即可完全释放燃油系统压力。

④ 关闭点火开关，装上油泵继电器或电动燃油泵电源接线。

（2）燃油压力调节器的检测

① 燃油系统压力的检查。在进行燃油系统压力的检查时，首先按要求安装好燃油压力表（简称油压表）；油压表可以安装在汽油滤清器油管接头、燃油分配管进油接头处，或用三通接头接在燃油管道上便于安装和观察的任何部位。

② 供油压力。指发动机怠速运转中燃油系统的实际工作油压，正常油压值在 0.25～0.35MPa。如果指针剧烈摆动油压可能不正常。

③ 调节压力。指发动机怠速运转中，将油压调节器真空管拆开后，燃油系统升高后的油压减去供油压力的差值，应在 28～70kPa 之间。

④ 最大油压。指发动机怠速运转中，将回油管夹住时燃油系统的油压，应为供油压力的 2～3 倍。

⑤ 供油量。供油量的判断方法为：在发动机怠速运转中，读取燃油系统的供油压力，然后急加速到 3000r/min 以上，立刻读取此时油压值，应高于供油压力 21kPa 以上。如果低于此值，表示供油量不足。

⑥ 系统残压。在发动机怠速运转中，读取燃油系统油压。然后将发动机熄火，并等待 5min，其系统油压应保持在 250kPa 以上。如果无法保持残压，则再将发动机启动，并在建立油压后熄火。此时如果将回油管夹住后即能保持正常残压，表示油压调节器漏油；如果夹住进油管后，才能保持正常残压，则表示燃油泵（单向阀）漏油；如果同时夹住进油管及回

油管仍无法保持残压，表示喷油器漏油。

（3）大众新捷达轿车发动机燃油供给系统压力的测量

① 将压力表安装在汽油分配管的供油管上，打开汽油压力表开关，启动发动机怠速运转。系统压力标准为：怠速时拔下真空管为（300±20）kPa；不拔真空管为（250±20）kPa。

② 接上真空管，轰一下油门，汽油压力表指针应在280~300kPa间跳动。

③ 关闭点火开关，10min后，汽油保持压力应大于150kPa。

④ 如果汽油保持压力小于150kPa，启动发动机，怠速运转。当汽油压力建立起来后，关闭点火开关，同时关闭汽油压力表开关，继续观察压力表指针是否会下降。

⑤ 系统油压不足原因：管接头或管子渗漏；汽油滤清器过脏；汽油泵不良或蓄电池电压不足；汽油压力调节器损坏。

⑥ 系统油压过高原因：汽油压力调节器损坏。

⑦ 根据测得燃油压力，判断可能故障原因。

可能故障原因：

小　结

1. 燃油供给系统的功用是向发动机及时供应各种工况下燃烧所需的燃油。燃油供给系统主要由燃油箱、燃油滤清器、电动燃油泵、供油管、回油管、燃油分配管、燃油压力调节器和喷油器组成。

2. 电动燃油泵是电控燃油喷射发动机的基本部件之一，其功能是从燃油箱中吸出燃油，加压后输送到管路中，和燃油压力调节器配合建立合适的系统压力，最终将燃油输送到喷油器。电动燃油泵只有在发动机启动和运转时才工作。燃油泵工作的控制，通常是指对燃油泵电路开路继电器的控制。在一些发动机中对燃油泵设置了转速控制机构，对电动燃油泵的转速进行控制。如果燃油泵或控制电路出现故障，将会造成供油系统没有燃油压力或压力过低，即使喷油器工作正常，燃油也不能正常喷射。

3. 燃油压力调节器的主要功用是使系统油压（即供油总管内油压）与进气歧管压力之差保持常数，一般为250~300kPa。这样，喷油器的喷油量唯一地取决于喷油器的开启时间，及ECU提供电磁喷油器通电时间。

4. 检测发动机运转时燃油管路内的油压，可以判断电动燃油泵或油压调节器有无故障、燃油滤清器是否堵塞等。

5. 喷油器是发动机电控燃油喷射系统的一个关键执行器，其作用是按照电子控制单元（ECU）的指令（喷油脉冲信号）将准确计量的燃油适时地喷入进气道或进气管内使之与空气形成可燃混合气。

6. 喷油器实质是一个电磁阀，发动机电子控制单元（ECU）可通过控制喷油器的电源或接地来实现对喷油器的控制。在发动机工作时，ECU 根据各种传感器输入的信号，确定合适的喷油时刻和喷油脉冲宽度，并向喷油器提供接地信号使喷油器开始喷油，切断接地信号使喷油器停止喷油。

7. 喷油正时就是喷油器何时开始喷油，具体地说，是指喷油器开始喷油时活塞所处的冲程和距上止点的曲轴转角。顺序喷射的优点是各缸喷油时刻均可设计在最佳时刻、喷油时间准确，各缸的燃油分配均匀、燃油雾化质量好，有利于提高燃油经济性和降低排放，因此现代汽车发动机普遍采用。

8. 喷油器的喷油量取决于喷油器电磁阀打开的时间（喷油器喷射持续时间），也就取决于 ECU 提供的喷油脉冲信号宽度（简称为喷油脉宽）。喷油量的控制其实就是喷油器喷油持续时间亦即喷油脉宽的控制，喷油持续时间又是根据发动机在不同运转工况下传感器提供给 ECU 的各种信息来决定。

复习思考题

一、填空题

1. 燃油喷射是利用_____将燃油以雾状喷入_____、_____或气缸内，与空气混合形成可燃混合气。

2. 按喷油器喷射燃油的部位不同，电子控制燃油喷射系统可分为_____和_____两种类型。

3. 电动燃油泵装有_____，以防止发动机停止运转时供油压力突然下降而引起燃油倒流，保证系统中仍有_____，并能避免高温时气阻现象的发生。

4. 燃油分配管的功用是固定_____和_____，并将燃油分配给每只_____。

5. 燃油压力调节器使系统油压与_____之差保持常数，一般为_____ kPa。

6. 喷油器的喷油量取决于 ECU 提供的_____（简称_____）单位 ms。

7. 喷油器是一种精密器件，要求其_____大、_____强、_____好。

8. 低电阻型喷油器的阻值为_____Ω，高电阻型喷油器的阻值为_____Ω。

9. 在实际控制电路中，喷油器实际喷油量的大小并不完全取决于_____，而是取决于_____。

10. 燃油泵出口处有一个_____。在燃油泵不工作时，它阻止燃油倒流回油箱，这样可以保持油路中有一定的残余压力，便于下次启动。

11. 在燃油泵运转时，燃油不断穿过燃油泵和电动机，使之得到_____和_____。

12. 进行燃油压力测试时，如果油压过低，则应夹住油压调节器回油管检查油压。若油压升高至正常，说明_____有故障；若油压不升高，则应检查_____是否堵塞。

13. 发动机熄火，燃油泵停止工作，等待 10min 后，观察燃油压力表压力应不低于 0.20MPa。若压力过低再次启动发动机，油压正常后，关闭发动机，夹住回油管：压力恢复正常_____故障，仍过低_____等泄漏。

14. 燃油滤清器滤芯阻塞时，将使油压_____、启动困难、发动机功率降低。

15. 喷油器由滤网、_____、回位弹簧、衔铁和_____等组成。

二、判断题

1. 无回油管式燃油供给系统不易产生气阻。（   ）
2. 不能将燃油压力调节器安装在燃油箱内。（   ）
3. 电动燃油泵的供油量比发动机最大耗油量大得多。（   ）
4. 在燃油泵出油口安装的止回阀可以防止燃油倒流。（   ）
5. 当发动机熄火时，在供油系统中仍有残留压力。（   ）
6. 电动燃油泵只有在发动机启动和运转时才工作。（   ）
7. 即使点火开关接通，只要发动机没有转动，电动燃油泵就不工作。（   ）
8. 只要点火开关接通，电动燃油泵就一定工作。（   ）
9. 燃油泵的转速由外加电压决定。（   ）
10. 在拆卸燃油系统内任何元件时，都必须首先释放燃油系统压力。（   ）
11. 检测油压时，油压表可以安装在燃油管道上便于安装和观察的任何部位。（   ）

三、问答题

1. 按照燃油走向依次列出燃油供给系统的组成部分。
2. 电动燃油泵的控制功能是什么？
3. 燃油压力调节器的作用是什么？对于无回油系统，燃油分配管中油压和喷油压差哪个是恒定的？
4. 燃油压力调节器有什么作用？它是如何工作的？

电控点火系统原理与检修

知识目标

1. 能够完成对点火系统部件的识别。
2. 能够在车辆上准确找到点火系统部件。
3. 能够识别不同的点火类型。
4. 能够对点火系统进行检查。

能力目标

1. 相关检测设备的使用方法和步骤。
2. 能够正确地叙述点火系统结构与工作原理。
3. 能够正确地拆装、检测维护火花塞。
4. 能够正确地识读点火系统电路图。
5. 能够正确地诊断与排除点火系统故障。

任务导入

一辆 2012 年出厂的丰田凯美瑞轿车，型号 ACV40L，装备 2AZ-FE 电控发动机，该车发动机启动后，怠速一切正常，但高速运行较长时间就会偶尔出现抖动现象。当此故障出现时，感觉动力不足，转速上不去，跟缺缸情形类似。待发动机冷却以后，再发动，开始时一切正常，高速跑一段后，又出现此现象。

分析：

从故障现象来看，冷车启动和热车阶段发动机均能正常运行，只有高速运转一段时间之后，才出现故障，所以认为此类故障现象的出现与发动机的运行条件有很大关联。考虑到此车总是运行一段时间后出现了故障，特别是高速运转时更容易出现，而此时发动机已进入正常运行条件，根据以往经验，怀疑高速大负荷时混合气过稀或存在失火现象。

学习指引

首先检查进气系统。对进气管进行检查，没有异常。启动发动机怠速运转，此时发动机运转平顺，没有故障迹象，测量热线式空气流量计和节气门位置传感器信号，有信号输出，并且能随发动机工况变化而变化，油压表测得油压始终为285kPa符合要求。把喷油器插头拔出，测量供电端电压为14V正常。拔出各缸一体式点火器和点火线圈，插入火花塞并靠近缸体能跳火，并且火花强度足够。

最后驾驶汽车在外边跑了一段，大概20min后，故障现象又出现，此时无论是高速还是低速，发动机都出现抖动现象，动力明显不足，排气管有黑烟出现，根据这一现象则认为有的气缸不工作而燃油还是继续喷射。所以又重新拔出各缸一体式点火器和火花塞，这时发现1缸火花塞比较弱，而且明显有断断续续的现象，这时候，可以断定是1缸点火电路出现问题了。

从点火系统的结构与原理分析来看，初步确定是点火线圈有问题，而不是点火器。但由于这套点火系统采用一体式点火器的点火线圈，不能单独测试，试着把2缸的点火线圈整个换到1缸控制线上后测试，发现此时火花塞能跳火，火花明显，没有停断。确认故障后，换上个同型号的点火线圈，装车复试，一切正常，故障排除。刚开始诊断分析的时候，一直以为是发动机在高速后才会出现故障，所以走了一些弯路。其实故障是发动机工作一段时间后就出现了的，与发动机转速高低无关，当然，高速运行后，该故障会更快显示出来而已。

相关知识

一、点火系统的认知

（一）发动机电子点火系统的要求

1. 能产生足以击穿火花塞间隙的电压

火花塞电极击穿而产生火花时所需要的电压称为击穿电压。点火系产生的次级电压必须高于击穿电压，才能使火花塞跳火。

2. 火花应具有足够的能量

发动机正常工作时，由于混合气压缩终了的温度接近其自燃温度，仅需要1~5mJ的火花能量。但在混合气过浓或是过稀时，发动机启动、怠速或节气门急剧打开时，则需要较高的火花能量。并且随着现代发动机对经济性和排气净化要求的提高，都迫切需要提高火花能量。因此，为了保证可靠点火，高能电子点火系一般应具有80~100mJ的火花能量，启动时应产生高于100mJ的火花能量。

3. 点火时刻应适应发动机的工作情况

首先，点火系统应按发动机的工作顺序进行点火。其次，必须在最有利的时刻进行点火。

由于混合气在气缸内燃烧占用一定的时间，所以混合气不应在压缩行程上止点处点火，而应适当提前，使活塞达到上止点时，混合气已得到充分燃烧，从而使发动机获得较大功率。点火时刻一般用点火提前角来表示，即从发出电火花开始到活塞到达上止点为止的一段时间内曲轴转过的角度。

如果点火过迟，当活塞到达上止点时才点火，则混合气的燃烧主要在活塞下行过程中完成，即燃烧过程在容积增大的情况下进行，使炽热的气体与气缸壁接触的面积增大，因而转变为有效功的热量相对减少，气缸内最高燃烧压力降低，导致发动机过热，功率下降。

如果点火过早，由于混合气的燃烧完全在压缩过程进行，气缸内的燃烧压力急剧升高，当活塞到达上止点之前即达最大，使活塞受到反冲，发动机做负功，不仅使发动机的功率降低，并有可能引起爆燃和运转不平稳现象，加速运动部件和轴承的损坏。

（二）点火系统的作用

点火系统在发动机运转时所扮演的角色是在任何发动机转速及不同的发动机负荷下，均能在适当的时机提供足够的电压，使火花塞能产生足以点燃气缸内混合气的火花，让发动机得到最佳的燃烧效率。点火系统的基本装置包含了电源、点火系统（电瓶）、点火触发装置、点火正时控制装置、高压产生器（高压线圈）、高压电分配装置（分电盘）、高压导线及火花塞。现代的点火提前装置则已改由发动机管理电脑所控制，电脑收集发动机转速、进气歧管压力或空气流量、节气门位置、电瓶电压、水温、爆震等信号，算出最佳点火正时提前角度，再发出点火信号，达到控制点火正时的目的。

（三）点火系统的分类

1. 传统点火系统

机械式点火系统工作过程是由曲轴带动分电器轴转动，分电器轴上的凸轮转动，使点火线圈次级触点接通与闭合而产生高压电。

这个点火高压电通过分电器轴上的分火头，根据发动机工作要求按顺序送到各个气缸的火花塞上，火花塞发出电火花点燃燃烧室内的气体。分电器壳体可以手动转动来调节基本的点火提前角（即怠速运转时的点火提前角），同时还有真空提前装置，它根据进气管内真空度的变化提供不同的提前角。

2. 电子点火系统

① 晶体管点火系 TI-B（Breaker-Triggered Transistorized Ignition）。

② 半导体点火系 SI（Semiconductor Ignition）。

③ 无分电器点火系 DIS（Distributorless Ignition System）。

电子点火系统与机械式点火系统完全不同，它有一个点火用电子控制装置，内部有发动机在各种工况下所需的点火控制曲线图（MAP图）。通过一系列传感器如发动机转速传感器、进气管真空度传感器（发动机负荷传感器）、节气门位置传感器、曲轴位置传感器等来判断发动机的工作状态，在 MAP 图上找出发动机在此工作状态下所需的点火提前角，按此要求进行点火。然后根据爆震传感器信号对上述点火要求进行修正，使发动机工作在最佳点火时刻。

电子点火系统也有闭环控制与开环控制之分：带有爆震传感器，能根据发动机是否发生爆震及时修正点火提前角的电控系统称为闭环控制系统；不带爆震传感器，点火提前控制仅根据电控单元内设定的程序控制的称为开环控制系统。

二、汽车电子点火系统的组成及工作原理

（一）发动机电子点火系统的组成

电子点火系统又称为半导体点火系统或晶体管点火系统，组成如图 4-1 所示，主要由低压电源、点火线圈、点火控制器、分电器以及安装在分电器内部的点火信号发生器、火花塞等组成。

（1）低压电源　点火系统的低压电源为蓄电池或交流发电机，标称电压一般为 12V。低压电源的作用是为点火系统提供所需的电能。

（2）点火线圈　构造与自耦变压器相似，主要由铁芯、初级绕组和次级绕组组成，其功

用是将 12V 低压电转换成 15～20kV 的高压电。

（3）点火控制器 又称为点火电子组件或电子点火器，由半导体器件组成电子开关电路，主要作用是根据点火信号发生器产生的点火脉冲信号，接通和切断点火线圈初级绕组电路。

（4）分电器 由点火信号发生器、配电器和点火提前机构等组成。

点火信号发生器又称点火信号传感器，其功用是根据发动机气缸点火时刻要求，产生控制点火的脉冲信号。

配电器由分电器盖和分火头组成。分电器上设有旁电极，当分火头旋转时，其上的导电片轮流与旁电极靠近，从而将点火线圈产生的高压电按工作顺序送往各缸火花塞。

点火提前机构的作用是随发动机转速和负荷的变化调节点火提前角。

（5）火花塞 其作用是将点火线圈次级绕组产生的高压电引入气缸燃烧室，产生电火花点着可燃混合气。

（6）点火开关 其功用是控制点火系统的初级电路，点火开关一旦断开，发动机就会立即熄火。

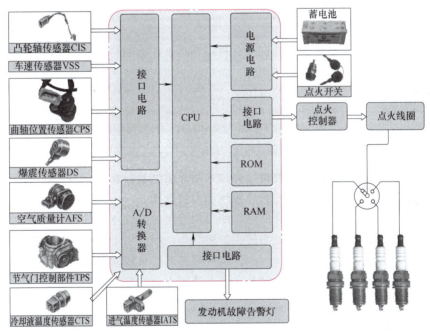

图 4-1 电子点火系统的组成

（二）发动机点火系统的工作原理

点火系统是利用互感原理（一个线圈中的电流变化而使另一个线圈产生感应电动势的现象，称为互感现象），先由点火线圈将低压电源转变为高压电源，然后再由配电器将高压电分配到各缸火花塞产生电火花。

发动机转动时，信号发生器的转子在配气凸轮轴的驱动下旋转，信号发生器内部就会产生信号电压，并输入点火控制器控制大功率三极管的导通与截止。

在点火开关 SW 接通的情况下，当三极管 VT 导通时，初级绕组中就有电流流过，其电路为：蓄电池正极→电流表 A→点火开关 SW→点火线圈"+15"端子→初级绕组 W1→点火线圈"-1"端子→点火控制器大功率三极管 VT→搭铁→蓄电池负极。电流流过线圈时,便在铁芯中形成磁场。当三极管截止时,初级电路被切断,初级电流消失,铁芯中的磁通量迅速变化,在初级绕组 W_1 和次级绕组 W_2 中都会感应产生电动势。由于次级绕组匝数多,因此能够感应产生足以击穿火花塞电极间隙的高压电动势。

高压电路电流流过的路径:次级绕组 W_2→点火线圈"+15"端子→点火开关 SW→电流表 A→蓄电池→搭铁→火花塞旁电极→中心电极→配电器旁电极→分火头→点火线圈高压插孔"4"→次级绕组。

由此可见,点火系统有两个电路:初级电流流过的路径为低压电路,而高压电流流过的路径称为高压电路。但在使用中,一般讲点火线圈至火花塞之间的电路称为高压电路。

点火控制器的大功率三极管每截止一次,点火线圈就产生一次高压电。分电器轴每转一转,配电器就按发动机的点火顺序,轮流向各缸火花塞输送一次高压电。发动机工作时,信号发生器转子在发动机凸轮轴的驱动下连续转动,并不断地产生点火信号控制三极管的导通与截止,点火线圈就不断地产生高压电并由配电器按点火顺序分配到各缸火花塞产生电火花点燃混合气,保证发动机正常工作。

(三)发动机电子点火系统的结构原理

1. 点火线圈

点火线圈是电子点火系统的重要部件,作用是将低压电源转变成高压电源。按结构不同点火线圈可分为开磁路式和闭磁路式两种。微机控制点火系统大多采用闭磁路点火线圈。

(1)开磁路式点火线圈。当初级电流流过初级绕组时,产生的磁通由铁芯经导磁钢片构成回路,因为磁路上下两部分磁通是从空气中穿过,铁芯与导磁钢片未构成闭合回路,所以称为开磁路式点火线圈。

(2)闭磁路式点火线圈。铁芯由浸有绝缘漆的导磁钢片叠合成"日"字形或"口"字形。铁芯内绕初级绕组,外绕次级绕组。壳体采用热熔性塑料注塑成型,填充剂采用热熔性树脂作为绝缘填充物,因此具有较好的绝缘性和密封性能。为了减少磁滞现象,铁芯设有一个微小的气隙。因此磁路几乎是闭合回路,所以称为闭磁路式点火线圈。

闭磁路式点火线圈的显著优点是漏磁少、磁阻小,因此能量损失小,其能量转化效率可达到75%(开磁路式点火线圈只有60%)。与开磁路式点火线圈相比,在产生相同次级电压的条件下,绕组匝数大大减少。除此之外,还有体积小、结构紧凑的优点。

2. 分电器

电子点火系统用分电器是由点火信号发生器、离心提前装置、真空提前装置和配电器等组成。各种电子点火系统配装的分电器除点火信号发生器之外,其他部件的结构原理大同小异。

(1)点火信号发生器 信号发生器又称信号传感器,分为霍尔式、磁感应式和光电式三种。目前,电子点火系统常用的有霍尔式、磁感应式两种。

① 霍尔式信号发生器 霍尔式信号发生器根据霍尔效应制成,把一个通有电流 I 的长方形白金导体垂直于磁力线放入磁感应强度为 B 的磁场中时,在白金导体的两个横向侧面上就会产生一个垂直于电流方向和磁场方向的电压 U_H。当取消磁场电压立即消失。该电压后来称为霍尔电压,用字母 U_H 表示,霍尔电压与通过白金导体的电流 I 和磁感应强度 B 成正比。霍尔效应制成的传感器的突出优点:一是输出电压信号近似于方波信号;二是输出电压的高低与被测物体的转速无关。霍尔式传感器与磁感应式传感器不同是需要外加电源。

霍尔式信号发生器由触发叶轮、霍尔集成电路、导磁钢片、永久磁铁等组成。

工作原理：当发动机转动时，配气凸轮轴便通过中间轴驱动分电器轴转动，分电器轴托板上的离心提前装置的弹簧便会通过凸轮轴带动转子轴转动。当转子轴上的触发叶轮转动时，叶片便会在霍尔集成电路与永磁铁之间转动。当叶片进入气隙时，霍尔集成电路的磁场被叶片旁路，霍尔电压为零，霍尔集成电路输出级的三极管截止，信号发生器输出的信号电压U_0为高电平，此时点火线圈的初级绕组的电流被接通。当叶片离开气隙时，永久磁铁的磁铁便经霍尔集成电路和导磁钢片构成回路，霍尔元件产生电压，输出级三极管导通，输出信号电压U_0为低电平。此时点火线圈的初级绕组初级电流被切断，次级绕组将被感应产生高压电。

② 磁感应式信号发生器　磁感应式信号发生器由信号转子、定子、塑性永久磁环、信号线圈、转子轴、活动底板、固定底板等组成。

工作原理：当分电器轴转动时，分电器的离心提前机构便带动信号转子旋转，磁路中的气隙发生周期性变化，磁路的磁阻和穿过信号线圈磁头的磁通量随之发生周期性的变化。根据电磁感应原理，传感线圈中就会感应产生交变电动势。信号转子每转过一个爪极，传感线圈中就会产生一个周期的交变电动势，即电动势出现一次最大值和一次最小值，传感线圈也就相应地输出一个交变电压信号。转子每转一圈（发动机曲轴转两圈，分电器轴转一圈，转子轴就带动转子转一圈），传感线圈就会产生与发动机气缸数相同个数的交变电压信号输入电子控制器。每当信号电压达到一定值时，控制器便切断点火线圈初级电流，次级绕组中就会产生高压电使火花塞跳火。

磁感应式信号发生器的突出优点是不需要外加电源，永久磁铁起着将机械能转换为电能的作用，其磁能不会损失。当发动机转速变化时，转子爪极的转速也将发生变化，铁芯中的磁通变化率也将随之变化。转速越高，磁通变化率就越大，传感线圈中的感应电动势也就越高。

（2）离心提前装置　主要由托板、离心块、弹簧、凸轮、转子轴等组成。

分电器轴与托板压接成一体，离心块的一端套装在托板上的柱销上，另一端可随离心力大小而绕柱销转动，弹簧共有两根，一粗一细。弹簧一端挂在托板的挂钩上，另一端挂在凸轮的弹簧销上。凸轮与凸轮轴压为一体，转子轴与分电器的小头为动配合。当分电器轴转动时，托板上的柱销和离心块便带动凸轮和转子轴一起转动。离心块高速转动时会产生离心力。当离心力超过弹簧拉力时，离心块便绕柱销向外甩出，其圆弧面就拨动凸轮使凸轮沿原顺时针旋转方向相对分电器轴转动一定角度，从而使转子轴及其轴上的触发叶片的叶片提前进入或离开气隙，信号发生器输出的信号电压U_0在时间上提前产生，驱动点火控制器实现点火提前。发动机转速越高，离心块的离心力越大，点火提前角随之增大；发动机转速降低时，离心力减小，点火提前角随之减小。

当分电器轴旋转时，刚度较小的弹簧先起作用，待转速达到一定值时，刚度较大的弹簧才起作用。转速继续升高到某一值时，离心块受托板上挡片的限位作用而不再外甩。

（3）真空提前装置　真空提前装置由接头螺母、密封垫圈、调整垫圈、弹簧、大气室壳、膜片、拉杆、霍尔元件组件底板、触发叶片、壳体等组成。

工作原理：当发动机负荷小时，节气门开度小，节气门空气小孔处气体的流速快，压力低，真空室的真空度大，真空吸力克服弹簧的张力使膜片运动，通过连接件使霍尔元件底板逆着触发叶轮的旋转方向传动一个角度，使触发叶轮的叶片提前进入或离开霍尔元器件的气隙，信号发生器输出的电压在时间上提前产生，触发电子控制器实现提前点火，即发动机负荷减小时，点火提前角增大。

当发动机负荷增大时，节气门开度增大，节气门空气小孔处气体的流速减慢、压力增高，真空室的真空度减小，在弹簧张力的作用下，膜片慢慢复位，通过连接件使触发叶片推迟进入或离开气隙，输出电压在时间上推迟产生，触发电子控制器推迟点火，即发动机负荷增大时，点火提前角减小。

（4）配电器　配电器的功用是分配高压电，由分电器盖和分火头组成。分电器盖和分火头一般用胶木粉热模压铸而成。沿盖内圆周上压铸有与发动机气缸数相同的旁电极，这些旁电极分别与盖上的旁插孔相通，旁插孔用于插接各缸高压线。盖的中央高压线插孔和中心电极，中心电极中装有带弹簧的炭精柱，使其弹性地压在分火头的导电片上。分火头套转在转子轴的顶端，随转子和分电器轴一起转动。当轴转动时，分火头上的导电片的端部便在旁电极间隙为 0.25～0.80mm 的圆周上旋转，从而将高压电分配到火花塞。

3. 点火控制器

点火控制器又称电子点火组件，基本功能是控制点火线圈初级电路的导通与截止。除此之外，大多数点火控制器还有限流控制、导通角控制、停车断电控制和过电保护控制等功能。

点火控制器目前普遍采用混合集成电路制成，并用导热树脂封装在铸铝壳体内以利散热。

三、微机控制电子点火系统

在发动机的电子集中控制系统中，点火系统由微机控制称为微机控制点火系统。微机控制可使发动机在各种工况下均能实现点火的最优控制，从而提高发动机的动力性、经济性、改善排放指标。现在大部分轿车都采用微机控制点火系统。

该点火系统主要由传感器、电子控制器（ECU）、点火线圈和火花塞等组成。

传感器是检测发动机工况信号的装置。传感器的结构形式和装配数量依车而异，主要有曲轴位置传感器、空气流量传感器、节气门位置传感器、爆震传感器、冷却水温度传感器、进气温度压力传感器、车速传感器、空挡启动开关、点火开关、空调开关、蓄电池等。

电子控制器用 ECU 表示。ECU 是发动机的控制核心。电子控制器的名称并不统一，生产厂家或公司不同，生产年代和控制内容不同，采用的名称也不尽相同。电子控制器主要包括输入回路、输出回路、模数 A/D 转换器或模数 D/A 转换器、单片微型计算机和电源电路等。由于电子控制器的核心部件是单片微型计算机，通常将电子控制器称为微机或电脑。电子控制器的作用是根据发动机各传感器输入的信息和微机内存数据，通过运算处理和逻辑判断，然后输出指令信号，控制有关执行器工作。

点火控制器是发动机点火控制系统的执行器，其作用是根据微机发出的指令信号，通过内部大功率三极管的导通与截止来控制点火线圈初级绕组电路的通断，使点火线圈产生高压电。

图 4-2 为微机控制电子点火系统的基本组成。电子控制器通过各种传感器把发动机的工作状态信号采集到内存 RAM 中。然后微机不断检测基准脉冲，微机收到基准信号后，开始对曲轴转角脉冲计数，同时检测此时的发动机转速和负荷，并修正到标准工况；并根据此标准工况对存储器进行二维查询，找到发动机在该工况下的最佳点火时刻。以前的微机控制系

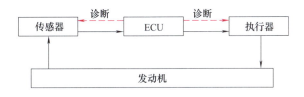

图 4-2　微机控制电子点火系统的基本组成

统大都采用复杂的可编程通用微处理器，编程复杂，精确度低，且处理器之间存在干涉，因此专门用于汽车电子的微处理器开发成为紧迫的课题，使其能实现精确控制，且易于编程。如 RTEC 就是专门为发动机控制设计的处理器，它能提供全时跟踪发动机工况和精确的燃油计量，并根据发动机的工况、燃油经济性和废气排放来控制最优化点火。随着集成度更高、控制功能更复杂的微处理器的不断研制及人们对汽车的动力性、经济性、舒适性等方面越来越高的要求，使点火系统在汽车的各种工况下保持在最佳状态的微机控制电子点火系统成为今后点火系统的发展趋势。其应用主要有以下几点：

1. 传感器技术

传感器是汽车的神经，目前一辆普通家用轿车上大约安装几十到近百只传感器，而豪华轿车上的传感器数量可多达两百余只。要实现对点火的最优控制就对传感器的数量、精度及稳定性等方面提出更高的要求，如转速传感器、负荷传感器、进气温度传感器、氧传感器以及车速传感器等，各种传感器都要具有在高温、高压、高腐蚀等不利条件下的高稳定性、高精度和高可靠性。传感器技术的发展趋势是实现多功能化、集成化和智能化，不仅要能提供用于模拟和处理的信号，而且还能对信号作放大和处理。同时，它还能自动进行时漂、温漂和非线性的自校正，具有较强的抵抗外部电磁干扰的能力，保证传感器信号的质量不受影响，即使在特别严酷的使用条件下仍能保持较高的精度。

2. 控制理论

控制理论是编制应用和优化控制软件的理论基础。利用自动控制理论而建立的开环、闭环、最优自适应控制系统，在汽车优化控制中都有采用。建立汽车电子控制系统的一般规律是首先对汽车的某个系统，如点火提前角优化控制系统进行系统辨识，建立数学模型，然后采用相应的控制方法进行优化控制。但是发动机结构比较复杂，影响点火的因素较多，理论推导出优化点火状态下的数学模型比较困难。因此，一般采用实验方法找出各种工况下的最佳点火提前角，然后以数据形式存入微机内存。在实行控制的过程中，微机不断检测发动机工况，用查表的方法查出该工况下的最佳点火提前角，经修正，输出信号控制点火，这是目前国外应用较多的优化控制方法。

3. 低耗能电子元件

随着电子技术在汽车中的大量应用，电子元件的能耗问题逐渐显现出来。如表 4-1 所示为霍尔式电子点火系统在不同转速下点火线圈能耗。发动机在低速运转时，点火线圈耗损的能量约占其电流上升时间内输入能量的 59% 左右；而在正常运转时，约占 50% 左右。这些能量不但浪费了电能，而且使系统中电器元件温度迅速升高，如果不能很好地散热最终将导致整个系统的工作寿命及可靠性降低。因此，在选择电子点火元件时，其工作时能量的损耗必须被考虑在内。如何减少电子点火元件的能量损失以及开发低能耗电子元件还有待于进一步的研究。

表 4-1 霍尔式电子点火系统在不同转速下点火线圈能耗

分电器轴转速/(r/min)	100	200	300	400	1000	1600	2000	2400
电流上升时间内的能量 W_q/J	0.431	0.392	0.405	0.118	0.113	0.102	0.107	0.108
点火线圈耗损的能量 W_{s1}/J	0.263	0.233	0.229	0.064	0.057	0.056	0.051	0.052
$(W_{s1}/W_q)/\%$	61.02	59.44	56.54	54.24	50.44	54.90	52.34	48.15

4. 点火能量

随着发动机向高压缩比、稀混合气方向发展,传统的点火能量已经越来越不能适应现代汽油发动机的需要,必须提高点火能量。传统的点火能量只有 30~50mJ,点火高压 12~15kV,不能满足发动机在所有工况下可靠的点火。从表 4-1 中可看出,传统的点火初级电流和能量较小,而且随转速升高显著下降,而高能点火的初级电流和能量较大,而且在相当宽的速度变化范围内变化很小,这样就有足够的点火能量保证发动机在各种工况下都能可靠点火。另外,高能点火能在稀混合燃料下使燃烧火焰增强和加速,缩短燃烧持续时间,增加发动机的稳定性,减少燃油消耗,因此可通过提高点火能量来提高发动机性能。然而,点火能量并不是越高越好,点火能量过高会产生电子元件过热及高能耗等不利因素。因此,研究发动机在各种工况下不同的点火能量与发动机动力性、经济性及排放的关系,并在此基础上,开发随发动机工况的变化而精确调节点火能量的装置有着相当重要的经济价值和理论价值。由于发动机结构与工况的复杂性,及点火能量随着空燃比及气缸内温度的不同而变化很大,使得点火能量精确测量变得十分困难。使用通用设备代价低,精度也低,而使用专用设备及相应的传感元件,虽然精度很高,但是代价很高。因此,研制高精度、低成本的测试点火能量专用设备也是今后研究点火能量的重要内容。

四、点火系统的常见故障诊断及维修

(一)常见故障

发动机不能启动、发动机运转不平稳和发动机功率下降、油耗增大、加速不良、点火时间不当、个别缸不点火等。

(二)故障分析及排除方法

1. 发动机不能启动

故障部位:点火开关至分电器间电路,电流表、点火开关、断电器、电容器、传感器、点火控制器,分电器盖或分火头,高压导线,火花塞,分电器,分缸线。

故障原因及排除方法:点火开关至分电器间电路有短路、断路、接触不良处;电流表、点火开关损坏;点火线圈损坏、附加电阻断路;触点氧化、烧蚀,固定触点搭铁不良;连线断路、搭铁;触点间隙过大、过小、损坏;传感器线圈短路、断路、搭铁;转子凸轮与铁芯间隙不当;霍尔元件损坏;积炭或油污;间隙过大、过小,火花塞漏电;分电器安装位置有误;分缸线位置插错。

排除方法:检查、紧固、更换导线,清洁火花塞或更换热特性适当的火花塞,调整后重新对点火正时。

2. 发动机运转不稳定

故障部位:点火正时,火花塞,高压导线。

故障原因:点火正时调整不当,点火提前角调节装置故障,分电器轴松旷、断电器凸轮

磨损不均,个别缸火花塞绝缘损坏或积炭,个别分缸线损坏、漏电。

排除方法:重新对点火正时,修理或更换分电器,更换分电器,更换火花塞,更换。

3. 发动机功率下降、油耗增大、加速不良

故障部位:点火正时,断电器。

故障原因:点火正时调整不当,点火提前角调节装置故障,触点间隙过大。

排除方法:重新对点火正时,维修或更换分电器,修理或更换。

4. 个别缸不点火

故障现象:启动发动机后,怠速运转发动机抖动,有个别缸工作不良感觉,加大油门抖动稍好,检查步骤如下。

① 首先对点火系统进行检查。拔下各缸高压线插上备用火花塞,高压线与点火线圈连接,转动点火开关使启动机运转,观察各缸火花均是蓝火,火花很强。从发动机上拆下火花塞,火花塞间隙正常,电极部分燃烧良好,呈棕黄色,瓷绝缘良好。装上火花塞、高压线,启动发动机后进行断火试验,各缸均工作,说明点火系统工作正常。

② 检查燃油供给系统。如果燃油供给不足,也会造成发动机抖动。在燃油分配管和压力油进口橡胶管连接处断开,串入燃油压力表,启动发动机检查燃油压力,分别检查怠速油压、加速变化油压及熄火后保持压力均正常。

5. 点火时间不当

(1) 现象　点火时间不当也会造成机器不易启动,功率降低,耗油量增多,点火时间晚还会造成机温过高,排气温度过高且排气声音增大,甚至出现化油器回火。若点火时间过早,摇转曲轴时出现"反转"现象。

(2) 原因　点火时间不当的主要原因是点火时间没有调整好、白金触点间隙改变。因为白金触点间隙的变化都会造成白金触点张开时机的改变,而白金触点张开的时间就是汽油机的点火时间。所以调整点火时间之前,必须先调白金触点间隙;调整次序搞反了,就会使调整前功尽弃。

(3) 点火时间的调整　各种汽油机的点火方式和结构不同,点火时间的调整方法也不同。下面简单介绍蓄电池点火方式的调整方法。

找第一缸的压缩上止点位置。方法是:拆下第一缸的火花塞,用手指按住火花塞孔。摇转机器,当手指感到有股气流冲上时,第一缸内压缩冲程开始。这时,卸开机壳观察飞轮的孔盖,慢转曲轴,使机壳上的指针对正飞轮上的记号,此时,第一缸活塞正处于压缩上止点。

按顺时针方向转动分电器壳,使白金接点处于似开未开位置。

固定好分电器壳,装上分火芯,盖上分电器壳,将第一缸的高压线插在分火芯所指位置,按顺时针方向依气缸点火次序,接好高压线。

五、汽车点火系统发展现状

(一) 国内发展现状

目前国内汽油发动机车点火系统中,电子点火系统已占有较大比例,传统点火系统已处于淘汰的状况。在电子点火系统中,原有的凸轮驱动被脉冲发生器所取代,靠磁变化(无触点)产生电流及电压脉冲,并通过该系统的电器来触发高压点火脉冲。电子点火系统电路简图如图4-3所示。

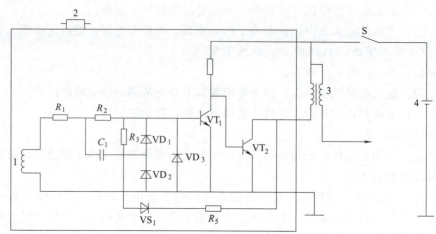

图 4-3　电子点火系统电路简图

1—传感器线圈；2—点火控制器；3—点火线圈；4—蓄电池

在电子点火系统中，又以磁感应式和霍尔式为主，它们的工作特点及配套车型如表 4-2 所示。

表 4-2　电子点火系统特点及配套车型

结构	信号触发部件	特点	配套车型
磁感应式	磁感应式脉冲发生器	结构较复杂、成本低	神龙富康、北京切诺基
霍尔式	霍尔式（HALL）脉冲发生器	结构简单、成本高	上海桑塔纳、南京英格尔、一汽捷达

目前国内电子点火系统的生产基本都是按主机厂要求采用相应的国外标准，这些标准主要来自德国 VOLKSWAGEN、法国 PEVGEOT 及美国 GM 公司。20 世纪 80 年代中期，上海大众公司开始生产桑塔纳轿车。长沙汽车电器厂引进德国 BOSCH 公司的霍尔无触点分电器技术，为该车配套，并率先实现了国产化，促使国内电子点火系统真正进入批量生产阶段。现阶段国产电子点火系统也日益完善：点火电子组件中由分立元件发展到厚膜混合集成再发展到目前普遍使用的 IC 全集成电路；点火线圈由油浸式发展为干式且多为高能线圈，整个系统向高能点火系统发展；系统中分电器、点火线圈和点火电子组件由三者分别安装发展到将三者作为一体的整体式结构。

由于我国汽车工业基础还较薄弱，在电子化程度上与国外先进水平相比，还存在较大的差距。国内主机厂需求的计算机控制的点火系统，大多来自于进口或德国博世公司及美国德尔福公司等在华办的合资企业。

（二）目前国内外在电子点火领域的研究

发动机经生产出来后，对其性能影响最大的可控因素主要有两个，其一是空燃比，其二是点火提前角。点火系统的工作对发动机的性能有着决定性的影响，它直接影响燃烧过程的质量，从而影响发动机的动力性、经济性、排放污染及工作稳定性。因而，人们对发动机点火系统的研究一天也没停止。电子点火系统的发展趋于多样化，人们对电子点火系统的研究也越来越多样化。

近几年国外研究情况，如日本有人研究点火电极形状，利用涡流进行多重多点点火；也有人采用反馈控制方式，研究了可求出火花点火发动机的最佳点火定时和曲轴转角的热力学模型（还有人研究了发动机中火花塞位置的最佳化问题）。在英国等研制了轨型火花塞，火

项目四 电控点火系统原理与检修

花塞由封入枪筒形空腔的两根平行电极"轨道"组成，利用电极间等离子电弧点火。

六、点火系统相关传感器介绍

（一）曲轴位置传感器

曲轴位置传感器CKPS（见图4-4）：又称发动机转速传感器，检测曲轴转角位移，给ECU提供发动机转速信号和曲轴转角信号，作为燃油喷射和点火控制的主控信号。

磁感应式曲轴位置传感器

传感器通常安装在曲轴前端、曲轴后端（曲轴箱内）、飞轮上或分电器内。如果出现故障，发动机将不能启动或工作不良。

根据传感器产生信号的原理不同，曲轴位置传感器类型大致可分为磁脉冲式、霍尔式及光电式三种类型。

1. 磁脉冲式（图4-5）

磁脉冲式曲轴位置传感器主要由电磁线圈、永久磁铁和信号轮组成，它是利用磁电感应原理实现的一类传感器，将通过线圈的磁通量变化转变为感应电动势。这种传感器的特点是结构简单牢固、成本低。此外，它的工作温度范围大，而且只需要两根连接导线，所以在汽车上得到了广泛的应用。

发动机转动时，由于信号盘齿相对感应线圈位置的变化，引起通过感应线圈的磁场发生变化，当齿接近线圈时，气隙变小，磁

图4-4 曲轴位置传感器实物

路的磁阻变小，磁通增加；当齿对准线圈时，磁通达到最大值；当齿离开线圈时，磁通开始下降。这样，每个齿都会引起线圈内磁通由零变到最大，又由最大变到零的周期性变化，从而在感应线圈里产生一个类似正弦波的感应电动势输出，其大小与磁通的变化率成正比。把上述输出信号经整形、放大后输入发动机电控单元，电控单元就可确定发动机转速和曲轴

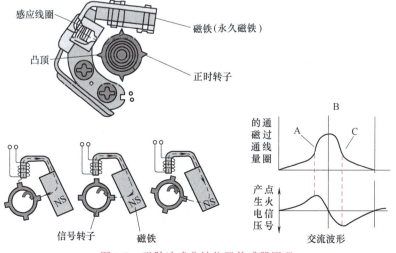

图4-5 磁脉冲式曲轴位置传感器原理

55

位置,根据该信号对点火正时和喷油进行修正。

在发动机的启动阶段(对应发动机平均转速为 100~200r/min),磁脉冲式曲轴位置传感器输出信号的幅值只有 0.2~1.0V;但在发动机高速工况(对应发动机转速 5000~6000r/min)时,磁脉冲式曲轴位置传感器的输出信号幅值可以超过 50V。因此磁脉冲式曲轴位置传感器在信号处理上,要比霍尔转速传感器复杂。

优点:

① 传感器本身无需 ECU 供电。

② 结构简单,传感器主要部件就是线圈加上永磁铁,相对霍尔传感器,其成本低。

③ 齿盘和传感器之间的安装间隙,不像霍尔式传感器要求那么敏感。

在发动机运行中,当曲轴位置传感器出现故障时,会导致信号中断,发动机立即熄火,这时电子控制单元可以诊断到故障并进行存储。利用故障诊断仪,可以读取故障信息。曲轴位置传感器 G28 与控制单元 ECU

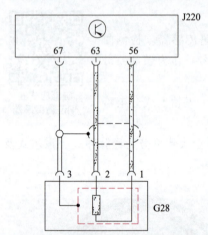

图 4-6 G28 与 J220 之间连接线路

J220 之间的连接关系如图 4-6 所示:端子 1 为信号正极,与 ECU 的 56 端子相连;端子 2 为信号负极,与 ECU 的 63 端子相连;端子 3 为屏蔽线端子,与 ECU 的 67 端子相连。

霍尔式传感器

2. 霍尔式

如图 4-7 所示,在磁场中,当电流以垂直于磁场方向通过置于磁场中的半导体基片(即霍尔元件)时,在垂直于电流和磁场的霍尔元件的横向侧面上,将产生一个与电流和磁场强度成正比的电压,此电压称为霍尔电压。霍尔元件的尺寸标注如图 4-8 所示。

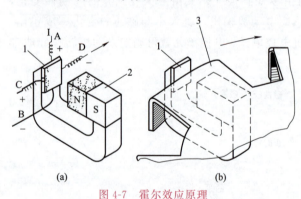

图 4-7 霍尔效应原理

1—霍尔半导体元件;2—永久磁铁;3—挡隔磁力线叶片

图 4-8 霍尔元件尺寸标注

霍尔电压有一个复杂的计算公式

$$U_H = \frac{R_H}{d} IB f\left(\frac{L}{W}\right)$$

式中,U_H 为霍尔电压;R_H 为霍尔系数;d 为霍尔元件的厚度;I 为通过霍尔元件的电流;B 为加在霍尔元件上的磁场磁力线密度;$f(L/W)$ 为霍尔元件形状函数,其中 L 为元件的长度,W 为元件的宽度。

从上面的公式可以看出,霍尔电压正比于电流强度、磁场强度,且与霍尔元件的形状有关。在霍尔元件结构一定,I 为定值时,U_H 与 B 成正比。当所加磁场方向改变时,霍尔电压的方向也随之改变,因此,霍尔元件可以用来测量磁场的大小及方向。

3. 光电式

光电式传感器是一种将被测量通过光量的变化再转换成电压的传感器,它的物理基础是光电效应。具有结构简单、性能可靠、精度高、反应快等优点,在现代测量和自动控制系统中,应用非常广泛,是一种很有发展前途的新型传感器。

光电式传感器一般由光源、光学器件、光电元件三部分组成,光源发射出一定光通量的光线,由光电元件接收,在检测时,被测量光源发射出的光通量变化,因而使接收光通量的光电元件的输出电量也发生变化,实现将被测量转换成电压。输出的电压可以是模拟量,也可以是数字量。

光电式曲轴位置传感器一般设置在分电器内,如图 4-9 所示,它由信号发生器与带缝隙和光孔的信号盘等组成。

(二)凸轮轴位置传感器

凸轮轴位置传感器也叫同步信号传感器,它是一个气缸判别定位装置,向 ECU 输入凸轮轴位置信号,是点火控制的主控信号。为了区别于曲轴位置传感器(CPS),凸轮轴位置传感器一般都用 CIS 表示。凸轮轴位置传感器的功用是采集配气凸轮轴的位置信号,并输入 ECU,以便 ECU 识别 1 缸压缩上止点,从而进行顺序喷油控制、点火时刻控制和爆燃控制。

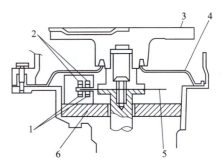

图 4-9 光电式曲轴位置传感器的布置

1—光敏二极管;2—发光二极管;3—分火头;
4—密封盖;5—转盘;6—电子电路

凸轮轴位置传感器也有磁感应式、霍尔式和光电式三种。安装在凸轮轴上或分电器内,信号盘的形式和曲轴位置传感器略有不同。

(三)爆燃传感器

安装在缸体上专门检测发动机的爆燃状况,ECU 根据信号调整点火提前角。主要元器件是一个压电陶瓷晶体,螺钉使一个惯性配重块压紧压电陶瓷晶体片。爆燃发生时,爆燃压力波通过惯性配重块使压电陶瓷晶体片压缩变形,产生比非爆燃时大得多的电压信号。为了避免因干扰引起的误判,根据点火时刻设定了一个判定区间。

爆燃传感器可以通过检测气缸压力、发动机机体振动和燃烧噪声等三种方法来检测爆震。当发动机出现爆燃时,传感器便产生相应的电信号,并输送给电子控制器,使电子控制器通过点火推迟的方法消除发动机爆燃。

1. 电感式爆燃传感器

组成:铁芯、永久磁铁、线圈及外壳,如图 4-10 所示。

原理:利用电磁感应原理检测发动机爆燃,如图 4-11 所示。

当传感器的固有振动频率与发动机爆燃时的振动频率相同时,传感器输出的信号电压最大。

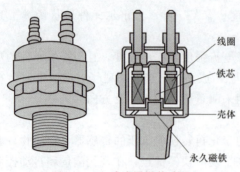

图 4-10 电感式爆燃传感器

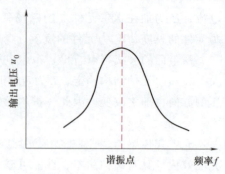

图 4-11 电感式爆燃传感器原理

2. 压电式共振型爆燃传感器

组成：压电元件、振子、基座、外壳等。

原理：压电效应。

当发生爆燃时，振子与发动机共振，压电元件输出的信号电压也有明显增大，易于测量，如图 4-12 所示。

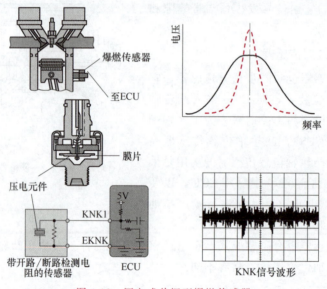

图 4-12 压电式共振型爆燃传感器

任务实施

任务 1　电控点火高压回路部件拆卸装配

任务准备

① 准备工具、工作盆、工作布。
② 在发电机皮带上画箭头。

> **实施步骤**

(1) 拆卸步骤
① 用 17mm 的开口扳手以箭头的方向拉动发电机皮带张紧器,取下发电机皮带。
② 拆卸发电机固定螺栓和支承螺栓,取下发电机总成。注意发电机两根导线。
③ 拔下点火模块侧四根高压导线。
④ 拔下火花塞侧四根高压线。
⑤ 用 6mm 的内六角扳手拆卸点火模块三根固定螺栓。
⑥ 注意:点火模块不能落地。
⑦ 清除火花塞周围杂物。
⑧ 用 16mm 火花塞拆装套筒拆卸火花塞。
⑨ 用工作布堵住火花塞孔。
(2) 装配步骤
① 取出工作布。注意检查火花塞孔有无杂物。
② 用 16mm 火花塞专用套筒安装火花塞,拧紧力矩 20~30N·m。
注意:火花塞头部不能撞。
③ 检查火花塞是否安装到位。
④ 安装点火模块,固定三根内六角螺栓。
⑤ 安装火花塞侧高压线。
⑥ 安装点火模块侧高压线。
⑦ 安装发电机支承螺栓和固定螺栓。
注意:安装发电机后端两根导线。
⑧ 安装发电机皮带。
注意:皮带方向。
⑨ 安装完成后检查。

任务 2 电控点火高压回路部件的检测

1. 检测火花塞、高压线、点火模块外观
(1) 火花塞检测要求
① 检查火花塞中心电极磨损情况。
② 检查火花塞间隙。
③ 检查火花塞有无积炭。
④ 检查火花塞陶瓷有无裂纹。
(2) 高压线检测要求
① 检查火花塞插头与高压导线是否连接正常。
② 检查防干扰插头与高压导线是否连接正常。
③ 检查火花塞插头、高压导线、防干扰插头有无裂纹、腐蚀、老化等。
(3) 点火模块检测要求
① 检查点火模块有无裂纹。

② 检查点火模块有无变形。
③ 检查点火模块有无腐蚀。

2. 检测火花塞、高压线、点火模块电阻步骤（见图4-13）

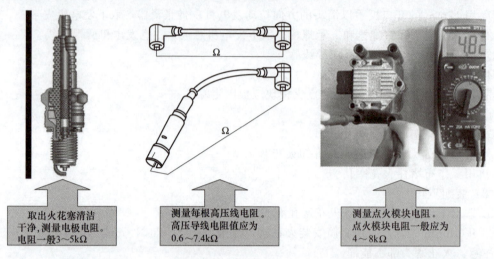

图4-13　检测火花塞、高压线、点火模块电阻步骤

3. 启动时检测火花塞电火花步骤（见图4-14）

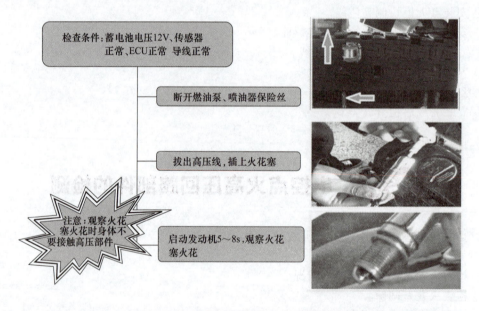

图4-14　启动时检测火花塞电火花步骤

小　结

1. 为了使汽油机的各项性能指标达到较佳水平，点火系统必须向火花塞电极提供足够高的击穿电压，火花塞电极间产生的火花必须具有足够的能量，点火正时应与汽油机运行工况相匹配。以上三点在传统点火系统中很难完全满足，只有采用电控点火系统才能满足。

2. 现代轿车上采用的电子控制点火系统主要有两种形式：电子控制有分电器点火系统和电子控制无分电器点火系统。

3. 无分电器点火系统又称直接点火系统，直接将点火线圈次级绕组与火花塞相连接。

4. 最佳点火提前角，一般是指点火燃烧产生的最高压力出现在上止点后10°左右，它会受发动机转速、发动机负荷、汽油的品质及其他一些因素影响。

5. 爆震和点火时刻有密切关系，点火提前角越大，就越易产生爆震。

复习思考题

一、简答题

1. 汽油机对点火系统有哪些要求？
2. 普通电子点火系统和 ECU 控制电控点火系统有哪些异同点？
3. 电控点火系统有哪些优点？
4. 影响发动机点火提前角的因素有哪些？
5. 在电控点火系中最佳点火提前角是如何确定的？
6. 修正点火提前角考虑了哪些因素？这些因素对发动机的点火提前角有何影响？
7. 什么叫闭合角控制？为什么要进行闭合角控制？
8. 汽油机的爆震对发动机有何影响？
9. 爆震的检测方法有哪几种？它们各有什么特点？
10. 常用的爆震传感器有哪几种形式？它们各有什么特点？
11. ECU 是如何对爆震进行反馈控制的？

二、选择题

1. 传统点火系统与电子点火系统最大的区别是（　　）。
   A. 点火能量的提高　　　　　　B. 断电器触点被点火控制器取代
   C. 曲轴位置传感器的应用　　　D. 点火线圈的改进
2. 电子控制点火系统由（　　）直接驱动点火线圈进行点火。
   A. ECU　　B. 点火控制器　　C. 分电器　　D. 转速信号
3. 一般来说，缺少了（　　）信号，电子点火系将不能点火。
   A. 进气量　　B. 水温　　C. 转速　　D. 上止点
4. 丰田公司的发动机上，ECU 把 C1 或 C2 信号（　　）第（　　）个 Ne 信号定为压缩行程上止点前 10°。
   A. 前，1　　B. 前，2　　C. 后，1　　D. 后，2
5. 点火闭合角主要是通过（　　）加以控制的。
   A. 通电电流　　B. 通电时间　　C. 通电电压　　D. 通电速度
6. 混合气在气缸内燃烧，当最高压力出现在上止点（　　）左右时，发动机输出功率最大。
   A. 前 10°　　B. 后 10°　　C. 前 5°　　D. 后 5°
7. 在装有（　　）系统的发动机上，发生爆震的可能性增大，更需要采用爆震控制。
   A. 废气再循环　　B. 涡轮增压　　C. 可变配气相位　　D. 排气制动

三、判断题

1. 电子控制点火系统一般无点火提前装置。　　　　　　　　　　　　　　　　（　　）

2. 一般来说，缺少转速信号，电子点火系将不能点火。（　）
3. 在无分电器点火系统（一个点火线圈驱动两个火花塞）中，如果其中一个气缸的火花塞无间隙短路，那么相应的另一缸火花塞也将无法跳火。（　）
4. 最大点火提前角一般在 35°～45°之间。（　）
5. 发动机负荷增大，最佳点火提前角也应增大。（　）
6. 通电时间和闭合角是完全不同的两个概念，不可混为一谈。（　）
7. 采用爆震传感器来进行反馈控制，可使点火提前角在不发生爆震的情况下尽可能地增大。（　）

项目五

进气控制系统原理与检修

 知识目标 ≫

1. 掌握怠速控制系统的结构和原理。
2. 掌握谐波增压控制系统的结构和原理。
3. 掌握可变气门正时控制系统的结构和原理。
4. 掌握可变配气相位控制系统的结构和原理。
5. 掌握涡轮增压控制系统的结构和原理。

 能力目标 ≫

进气控制系统经常出现控制不准确或者控制失效等情况。该项目通过汽油发动机进气控制系统故障的诊断和检修过程的介绍,使读者在掌握汽油发动机进气控制系统等方面理论知识的同时,具备对常见故障进行分析与排除的能力。

 任务导入 ≫

斯柯达明锐轿车怠速抖动

（1）故障现象

一辆斯柯达明锐 2012 款轿车,行驶 8 万千米,发动机怠速时有轻微的不规则抖动现象。停车加油时,排气管有突突声。行驶过程中,急加速、超车比较费力。

（2）故障排除

用解码仪读取故障码,无故障码显示。读取数据流,也未发现有严重超差现象。以上考虑电控部分可能无故障,故障原因可能在油路上。

检查油路,测量油路压力,怠速时油压为 230kPa,急加速时为 260kPa。将发动机熄火后,再观察油压表,显示值为 180kPa,完全符合燃油压力规定值,说明油路也可能没问题。

检查点火电路,对火花塞进行了清洗,并对点火线圈进行了检查,也未发现异常。

由于该机怠速轻微抖动,加速不好,排气管有突突声,可能是有的缸工作不好。于是测量了气缸压力,四个缸压力基本相同,各缸并无漏气现象。根据发动机常规检查法,怀疑高压线可能有故障,更换了全部高压线,上述故障现象全部排除。

学习指引

急速不良是发动机常见的一种故障,也就是怠速运转时发动机发抖,转速不稳,造成发动机怠速不良有很多原因,一般有:①进气系统漏气,会导致气缸混合气过稀,引起怠速不良,甚至熄火;②空气滤清器脏污堵塞;③若个别缸不工作,或是空气流量传感器损坏,燃油压力和汽缸压力低;④各缸喷油器喷油不均匀;⑤点火提前角调整不当时,发动机也会工作不稳;⑥配气相位不准确也会造成怠速不良等。

相关知识

一、怠速控制系统

(一)怠速控制应用概况

发动机在怠速工况下,节气门关闭,从节气门缝隙和怠速旁空气通道进入的空气,与相应的汽油配制而成的混合气燃烧所产生的转矩仅用于克服发动机本身的摩擦和压缩阻力矩,及由发动机驱动的附加装置阻力矩,以使发动机维持在低转速下稳定运转。

早期的汽油喷射式采用了温控辅助空气阀来控制怠速时辅助怠速空气通道的空气流量,用以实现冷启动后的低温怠速稳定和快速暖机控制。如图5-1所示。

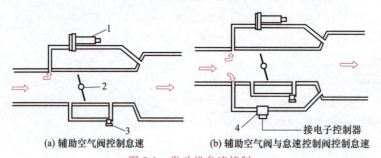

(a) 辅助空气阀控制怠速　　(b) 辅助空气阀与怠速控制阀控制怠速

图 5-1　发动机怠速控制

1—辅助空气阀;2—节气门;3—怠速调节螺钉;4—怠速控制阀

(二)怠速控制系统的作用

常见的辅助空气阀有双金属型、石蜡型。

在低温下,辅助空气阀打开,一部分空气经辅助怠速空气通道进入气缸,使发动机在低温怠速工况下有较大的供气量,发动机可在较高的怠速下稳定运转,实现快速暖机过程。随着发动机温度的上升,辅助空气阀慢慢关闭,使发动机在正常的怠速下运转。这种温控辅助空气阀其控制功能有限,不能满足现代汽车发动机使用全过程的怠速控制要求。随后出现的由微机控制怠速控制阀的怠速控制系统具有多项控制功能,可使发动机的怠速控制能适应电控发动机性能进一步提高的要求。现代汽车电子怠速控制系统一般都覆盖了温控辅助空气阀的功能,因此温控式的辅助空气阀在现代电控发动机上已很少使用。

(三)汽车怠速控制系统的功能

(1)稳定怠速控制　怠速控制系统以设定的发动机转速为怠速控制目标,当发动机的转速偏离目标转速时,电子控制器便输出怠速调整信号,通过怠速控制执行器将发动机怠速调整到设定的目标范围之内。设定的目标转速是发动机各种状态下的能保持稳定运转的最理想怠速，因此电子怠速稳定控制可使发动机在各种状态下都可在最佳的稳定怠速下运转。

（2）快速暖机控制　在冷机启动后，怠速控制系统可以使发动机在较高的怠速下稳定运行，并可加速发动机的暖机过程。

（3）高怠速控制　在怠速工况下，当发动机负荷增加时，为保持发动机的稳定运转或使发动机向外能输出一定的功率，电子控制器输出控制信号，通过执行器将发动机调整至设定的高怠速下稳定运转。

（4）其他控制　当发动机启动时，电子怠速控制系统使怠速辅助空气通道自动开启至最大，以使发动机启动容易。在活性炭罐控制阀、废气再循环控制阀等工作时，调整怠速控制阀以稳定怠速。因发动机部件磨损、老化等原因而使发动机的怠速偏离正常范围时，电子怠速控制系统能自动将怠速修正到正常值。

（四）怠速控制系统的分类

1．按进气量计量方式

（1）节气门直动式　电子控制器通过控制执行机构直接操纵节气门，以节气门开度的改变来实现怠速的控制［图5-2（a）］。

特点：工作可靠性好，控制位置的稳定性也良好。但动态响应性较差，执行机构较为复杂且体积较大。

（2）旁通空气式　电子控制器通过怠速控制阀改变怠速辅助空气通道的空气流量来实现怠速的控制［图5-2（b）］。这种控制方式动态响应好，结构简单且尺寸较小，目前较为常见。

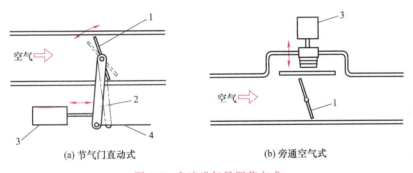

图5-2　怠速进气量调节方式

1—节气门；2—节气门操纵臂；3—怠速控制执行器；4—加速踏板拉杆

2．按怠速控制阀的结构原理

（1）步进电机式　以步进电动机为动力，电子控制器通过控制步进电动机的转动来驱动空气阀的开启和关闭。

（2）开度电磁阀式　以电磁阀通电产生的电磁力来驱动空气阀的开度。根据空气阀的运动方式不同，开度电磁阀又可分为直动式和转动式两种。

（3）开关电磁阀式　电磁阀部分与开度电磁阀并无大的差别，主要的不同点是其工作方式。开关式电磁阀只有打开和关闭两种状态，工作时阀以一定的频率开闭，通过阀的开闭比来控制怠速空气流量。

怠速控制阀

3．按空气阀的控制方式

（1）直接控制式　由电磁阀或步进电动机直接驱动空气阀，实现怠速空气量的控制。

（2）间接控制式　通常是由电磁阀控制膜片式辅助空气阀的气压，再由空气阀的动作来改变怠速空气通道的截面积。间接控制的怠速控制阀结构比较复杂，目前使用相对较少。

（五）发动机怠速控制系统的结构与原理

1. 怠速控制系统原理

不同的车系，怠速控制系统的构成与具体控制内容会有一些差别。典型怠速控制系统的组成及控制原理如图 5-3 所示。

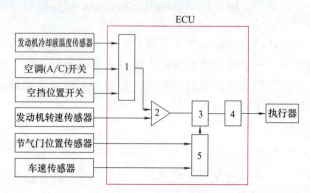

图 5-3 怠速控制系统的组成与控制原理
1—目标转速；2—比较电路；3—控制量计算；4—驱动电路；5—怠速状态判断

（1）怠速稳定控制 发动机怠速稳定控制实际上是一种转速反馈控制。在微机存储器中，存储有发动机在不同状态下的最佳稳定怠速参数（目标转速）。

当发动机处于怠速工况时，怠速控制系统不断地监测发动机的转速，并与当前发动机状态下的目标转速进行比较，当发动机怠速出现波动，偏离了设定的目标转速时，ECU 输出控制脉冲使怠速控制执行器动作，将发动机的怠速调节在设定的目标转速范围之内。

怠速稳定控制所需的传感器信号有以下几种。

① 发动机转速传感器，提供发动机在怠速工况下的发动机转速信号。

② 节气门位置传感器，提供节气门关闭信号，是 ECU 判断发动机是否处于怠速工况的基本信号。

③ 发动机冷却液温传感器，提供发动机温度信号，ECU 根据此信号选定目标转速。

④ 车速传感器，提供汽车行驶速度信号，当车速低于 2km/h，且节气门关闭时，ECU 作出"发动机处于怠速工况"的判断，进入怠速控制程序。

⑤ 空调开关，提供空调关断信号，只有在空调不使用时，ECU 才进入发动机转速反馈式怠速稳定控制。

（2）高怠速运行控制

① 发动机负荷高怠速控制 在节气门处于关闭位置（发动机在怠速工况），但需要发动机带动一定的负荷以较高的转速下运转时，ECU 输出控制信号，使怠速控制执行器动作，将发动机的怠速调高至某一值。比如，在使用汽车空调、蓄电池亏电等情况下，怠速控制系统通过高怠速运行控制，使发动机在一个较高的怠速下运行，以保证在发动机怠速工况下的空调系统正常工作和及时向蓄电池补充电能。

② 转速变化预见性高怠速控制 在发动机怠速工况时，为避免发动机驱动的附加装置的阻力矩突然增大而导致发动机怠速下降甚至熄火，ECU 在接收到附加装置阻力矩增大的有关电信号时，就输出控制信号，通过怠速控制执行器预先调大怠速进气量。

怠速控制系统高怠速运转控制除了利用发动机转速传感器、节气门位置传感器、车速传感器、发动机冷却液温度传感器等得到发动机转速、怠速工况及发动机温度信息外，还用到如下的开关信号。

a. 空调开关，提供汽车空调是否使用信息。若开关接通，ECU 将作出高怠速运转控制，以使发动机有适当的功率输出，带动空调压缩机正常运转。

b. 蓄电池电压，提供蓄电池是否亏电或蓄电池负荷是否很高的信息。若亏电或负荷很高，ECU 将作出高怠速运转控制，以便在怠速工况下使发电机能向蓄电池充电。

c. 自动变速器挡位开关，提供自动变速器是否从 N 挡或 P 挡挂上运行挡位（D 挡或 R 挡、3 位、2 位）信息。若挂入相应挡位，ECU 将作出高怠速运转控制，以避免自动变速器油泵因挂上运行挡后阻力增大而引起发动机转速下降。

d. 尾灯继电器或后窗除雾继电器等，向怠速控制系统提供电器负荷增大信号，ECU 根据这些用电设备继电器接通信号作出电器负荷增大判断，并进行高怠速控制，以避免发电机负荷增大而引起发动机转速下降。

（3）其他怠速控制

① 启动时怠速控制阀的控制　在发动机启动时，ECU 控制怠速控制阀至开度最大位置，以使发动机启动容易。启动后，ECU 根据发动机转速及温度信号，逐渐减少怠速控制阀的开度。启动时怠速控制阀控制所用到的传感器及开关信号有以下两个。

a. 发动机转速传感器，提供发动机怠速工况下的转速信号。

b. 点火开关，提供发动机启动信号和启动后信号。

② 活性炭罐电磁阀工作时怠速控制阀的控制　在一些汽车上，怠速控制系统还根据活性炭罐控制阀的开启情况来调整怠速通道的通气量，以避免发动机怠速产生波动。除用于怠速工况判别的节气门位置传感器外，该稳定怠速控制所用到的传感器信号有以下两个。

a. 发动机转速传感器提供发动机怠速工况下发动机转速信号。

b. 活性炭罐电磁阀，提供活性炭罐电磁阀开启信号，当活性炭罐电磁阀通电时，ECU 控制怠速控制阀的开度以稳定怠速。

③ 怠速偏离修正控制　怠速偏离修正控制即怠速控制系统的学习修正控制。当因发动机部件老化等外部原因使发动机的怠速偏离原设定值时，ECU 控制怠速控制阀预置一个开度，将发动机的怠速修正到设定的值。

2. 怠速控制系统部件的结构

（1）节气门直动式怠速控制执行器　一种安装于单点喷射式发动机节气门体上的节气门直动式怠速控制执行器，如图 5-4 所示，它由以下两部分组成。

① 直流电动机。怠速控制执行器的动力部分，由 ECU 通过驱动电路控制其转动。

② 传动机构。起增矩减速的作用，并将电动的旋转运动变为节气门操纵臂限位片的直线运动。

当 ECU 输出怠速调整控制信号时，通过驱动电路使电动机通电，并转动与控制信号脉冲相应的转角，经传动机构的传动后，使节气门操纵臂限位片移动，从而改变了怠速时节气门的开度。

（2）步进电动机式怠速控制阀

① 结构　步进电动机式怠速控制阀主要由步进电动机、丝杆机构和空气阀等组成（见图 5-5）。

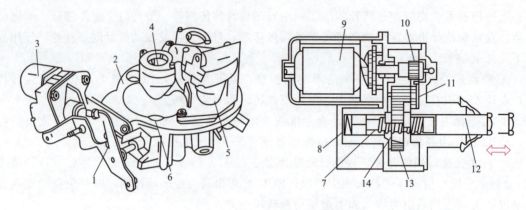

图 5-4　节气门直动式怠速控制执行器

1—节气门操纵臂；2—节气门体；3—怠速控制执行器；4—喷油器；5—压力调节器；6—节气门；7—防转动六角孔；8—弹簧；9—电动机；10,11,13—减速齿轮；12—传动轴；14—丝杆

步进电动机的转子与丝杆组成丝杆机构，当步进电动机转子在怠速控制信号的控制下转动时，丝杆作直线移动，通过阀杆带动空气阀上、下移动，使空气阀开启或关闭。

② 电路原理　步进电动机式怠速控制阀的典型控制电路如图 5-6 所示。

当需要调整怠速时，怠速控制系统通过 ECU 内部的步进电动机驱动电路使步进电动机的 4 个绕组依次通电，使步进电动机转动，将空气阀移动至适当的位置。

主继电器控制电路的作用是当点火开关关断时，使 ECU 继续通电 2s，以便使 ECU 完成启动初始位置的设定。在点火开关断开后的这 2s 时间里，步进电动机在 ECU 的控制下转动，使空气阀开启至最大，为下次启动做好准备。

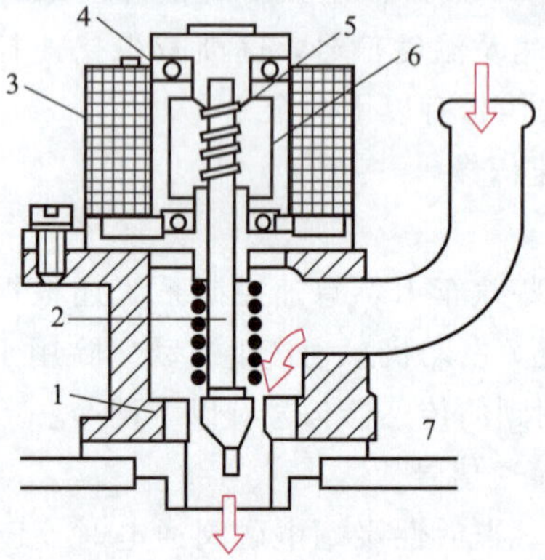

图 5-5　步进电动机式怠速控制阀

1—空气阀阀座；2—阀杆；3—定子绕组；4—轴承；5—丝杆；6—转子；7—空气阀阀体

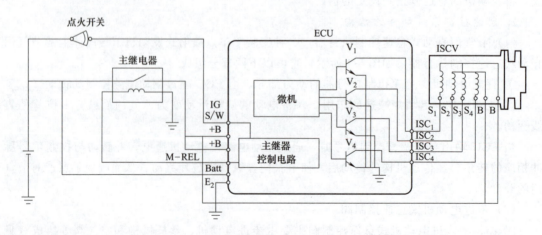

图 5-6　步进电动机式怠速控制阀的典型控制电路

(3) 直动电磁阀式怠速控制阀 直动电磁阀式怠速控制阀如图5-7所示。直动电磁阀式怠速控制阀的电磁线圈通电后产生的电磁力吸引阀杆克服弹簧力作轴向移动,直至电磁力与弹簧力相平衡。这种怠速控制阀的开度通常是由ECU通过控制电磁阀线圈的电流实现。电磁阀电流消失,阀在弹簧力的作用下回位(关闭)。

(4) 转动电磁阀式怠速控制阀

① 结构 转动电磁阀式怠速控制阀有两种形式,一种是转子为永久磁铁,电磁线圈在定子上;另一种是定子为永久磁铁,电磁线圈绕在转子中。图5-8所示的是定子为永久磁铁、转子中绕有两组绕组的转动电磁阀式怠速控制阀。

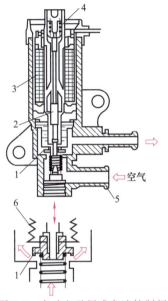

图5-7 直动电磁阀式怠速控制阀

1—阀;2—阀杆;3—线圈;4—弹簧;
5—壳体;6—消除负压用的波纹管

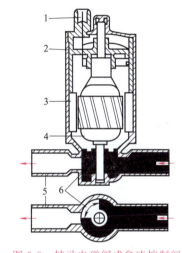

图5-8 转动电磁阀式怠速控制阀

1—电路插接器;2—壳体;3—定子(永久磁铁);
4—转子;5—附加空气通道;6—旋转阀

② 电路原理 转动电磁阀式怠速控制阀的控制电路如图5-9所示。

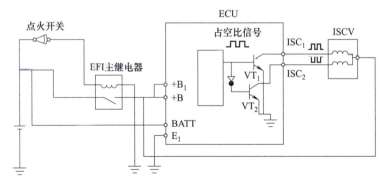

图5-9 转动电磁阀式怠速控制阀的控制电路

ECU中微机输出的怠速控制占空比信号经驱动电路(反相器及VT_1、VT_2)后,输出同频反相的电磁阀控制脉冲ISC_1、ISC_2。转子的两个绕组中,其中一个通电使阀打开,另一个通电使阀关闭。当需要调整怠速时,微机通过改变控制信号的占空比,使两个绕组的通电时间发生变化,从而使阀的开启程度发生改变。

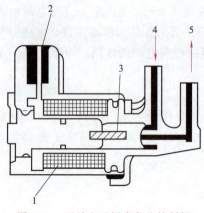

图 5-10 开关电磁阀式怠速控制阀
1—电磁线圈；2—接线端子；3—阀；
4—来自空气滤清器；5—至进气管

（5）开关电磁阀式怠速控制阀　开关电磁阀式怠速控制阀只有开和关两种状态，即电磁线圈通电时，阀被打开，电磁线圈断电时，阀就关闭。开关电磁阀式怠速控制阀的结构如图 5-10 所示。

① 占空比控制方式。ECU 输出的是频率固定、但占空比变化的怠速控制信号，通过调整电磁阀的开闭比率实现怠速的控制。开关电磁阀式怠速控制阀占空比控制方式的控制电路如图 5-11 所示。

② 开关控制方式。ECU 输出的控制信号只有高电平和低电平两种状态，控制电磁阀的通电或断电。因此，开关控制方式的电磁阀式怠速控制阀只有打开（高怠速）和关闭（正常怠速）两种工作状态。

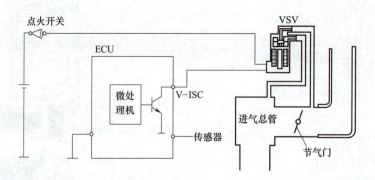

图 5-11　开关电磁阀式怠速控制阀占空比控制方式的控制电路

二、巡航控制与电控节气门

（一）汽车巡航控制系统

1. 汽车巡航控制系统概述

汽车巡航控制系统（Cruise Control System，CCS）是汽车在运行中不踩加速踏板便可按照驾驶员的要求，自动地保持一定的行车速度，减轻驾驶员的劳动强度，提高汽车舒适性的自动行驶装置。根据其特点又被称为"恒速控制系统"、"车速控制系统"或巡航控制系统。采用这种装置后，当在高速公路上长时间行车时，就可使驾驶员踩加速踏板的脚得以休息，不致因长时间驾车控制加速踏板稳定车速而产生疲劳，减轻了驾驶员的操作负担。由于电子系统能准确地控制车辆的工况，从而使高速行驶的车辆更加安全、平稳，耗油量减少，提高了汽车的燃油经济性和驾驶的舒适性。

2. 汽车巡航控制系统的主要优点

① 保持车速稳定。

② 提高汽车行驶时的舒适性，使驾驶员疲劳强度大大减轻。

③ 提高经济性和环保性，可节省燃油 15%，降低了燃油消耗率，减少排放。

④ 延长发动机寿命，使汽车的供油与发动机功率间处于最佳配合状态。

3. 巡航控制系统的组成

巡航控制系统主要由操纵开关、安全开关、传感器、巡航 ECU 和执行元件组成。

4. 巡航的控制原理和部件结构

（1）控制原理　巡航控制系统工作时，巡航 ECU 将根据巡航控制开关、各种传感器的输入信号，判断出车辆行驶阻力的变化，然后计算出节气门所需要的合理开度，并向节气门执行器发出信号，自动调节发动机油门开度，从而使行驶车速保持恒定，如图5-12所示。

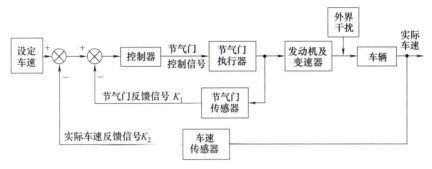

图 5-12　巡航的控制原理

（2）部件结构（图5-13）

① 巡航指令开关　巡航指令开关包括主控开关、制动开关（包括手制动）、离合器开关、变速器空挡启动开关和电源开关（点火开关）等。

② 巡航主控开关　巡航主控开关包括主开关（MAIN）、设定/减速开关（SET/COAST）、恢复/加速开关（RES/ACC）和取消开关（CANCEL）。主开关是巡航控制系统的主电源开关，位于巡航控制开关的端部，为按键式开关。

5. 制动灯开关的作用

当驾驶员踩踏制动踏板时，在制动（接通）灯亮的同时，将控制节气门动作摇臂的电磁离合器断开，迅速退出巡航控制的工作状态。在制动灯开关中原来常开触点的基础上，增加了与之联动的常闭触点。当驾驶员踩踏制动踏板，制动灯亮的同时，常闭触点断开，电磁离合器断电，节气门不再受巡航系统控制。

离合器开关的作用：（仅对安装手动变速器车辆）当汽车在巡航状态下行驶，出现驾驶员干预，如变换变速器挡位、制动等情况，驾驶员踩踏离合器踏板，离合器开关即由断开变为闭合，离合器开关的闭合，使 ECU 立即自动关闭巡航工作状态。离合器开关装在驾驶室离合器踏板的上部，靠驾驶员踩踏离合器踏板的机械动作，使其闭合。

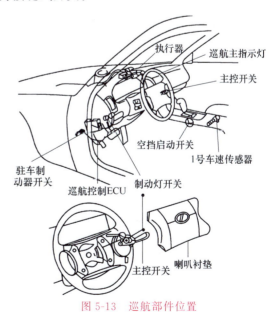

图 5-13　巡航部件位置

6. 传感器

车速传感器信号（反馈控制）可同时用于发动机控制、自动变速器控制和巡航控制等。对于巡航控制系统而言，车速传感器信号的作用是巡航ECU用于巡航车速的设定及将实际车速与设定车速进行比较，以便实现等速控制。

节气门位置传感器一般为线性输出型。节气门位置传感器信号可同时用于发动机控制、自动变速器控制和巡航控制等。对于巡航控制系统而言，节气门位置传感器信号的作用是巡航ECU用于计算输出与节气门开度的关系，以确定输出量的大小。

7. 巡航ECU

① 记忆和控制车速功能。
② 设定车速调整功能。
③ 取消和恢复功能。
④ 车速控制功能。
⑤ 安全电磁离合器控制功能。
⑥ 自动变速器控制功能。
⑦ 诊断功能。

8. 执行器

（1）电控节气门　根据ECU的控制信号控制节气门的开度，以保持车速恒定。电动机驱动型执行器由电动机、传动机构、电磁离合器和电位器等组成。为了防止节气门完全打开或完全关闭后电动机继续转动，电动机安装了两个限位开关，用于控制电动机的转动。电控节气门元件组成如图5-14所示。

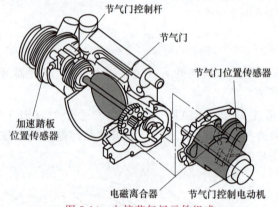

图5-14　电控节气门元件组成

（2）电磁离合器　当巡航ECU给执行器发出控制信号时，电磁离合器接合，电动机通过蜗杆蜗轮传动、电磁离合器及齿轮和主减速器齿扇的啮合带动控制臂转动，使节气门旋转。若取消巡航控制，则ECU使电磁离合器断电分离，节气门不受电动机控制。

（3）电位器　当电动机带动主减速器齿扇转动，改变节气门的开度时，主减速器齿扇轴同时带动电位器主动齿轮旋转，电位器主动齿轮通过从动齿轮带动电位器的滑动臂，电位器产生节气门控制臂位置信号［图5-15（a）］。

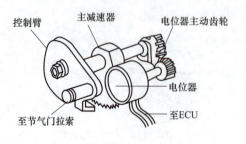

(a) 电位器

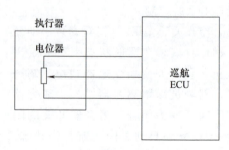

(b) 电位器电路

图5-15　电位器安装位置及电路

当对巡航控制系统进行巡航车速设定时,电位器将节气门控制臂信号送至巡航 ECU[图 5-15(b)],ECU 将此数据存储于存储器内,行车时 ECU 以此数据作为参照控制节气门控制臂,使实际车速与设定车速相符。

9. 巡航控制系统的控制电路

巡航控制系统的控制电路如图 5-16 所示。

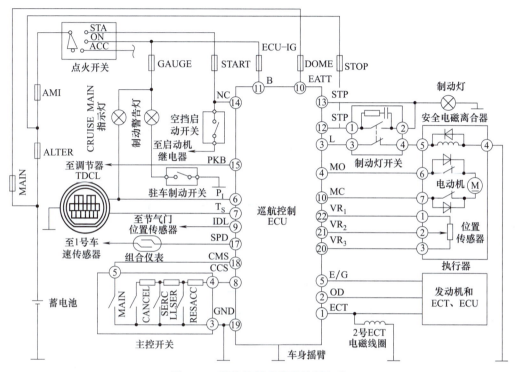

图 5-16 巡航控制系统的控制电路

10. 巡航控制使用注意事项

① 在天气恶劣条件下不要使用。
② 在解除巡航控制模式后,应关闭巡航控制系统的控制开关。
③ 在坡道较大或较多的道路上行驶时不要使用。
④ 若巡航指示灯闪亮时,说明有故障,请勿使用。
⑤ ECU 是巡航控制系统的中枢,对电磁环境、湿度及机械振动有较高的要求。

(二)电控节气门系统

1. 电控节气门系统概述

机械连杆机构的节气门控制系统,从驾驶员踩下加速踏板发出操作指令到执行机构做出响应就会出现一个时间滞后。

根据发动机测试仪表测得的数据显示,替代机械连杆机构的电控节气门系统大大缩短了执行元件的响应时间。确定最佳的节气门开度,并通过对控制电动机和电磁离合器的控制改变节气门开度。电控节气门系统包括用于确定、调整及监控节气门位置的所有部件。它主要由加速踏板、加速踏板位置传感器、发动机控制单元、数据总线、电控节气门(EPC)指示灯和节气门控制部件(执行机构)等组成。

电控节气门系统的功能：
① 非线性控制；
② 怠速控制；
③ 减小换挡冲击控制；
④ 驱动力控制（TRC）；
⑤ 稳定性控制（VSC）；
⑥ 巡航控制。

2. 系统的控制原理和部件结构

通过加速踏板总成（TPA）来实现驾驶员的意图，并通过传感器将驾驶员的意图传递给控制电脑。

节气门的开度由节气门控制 ECU 驱动的直流电动机控制。

该系统主要由加速踏板模块、电控模块（ECM）和节气门总成组成。如图 5-17 所示。

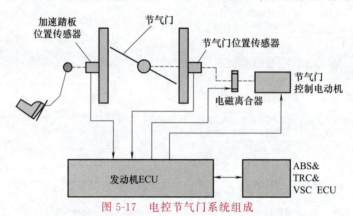

图 5-17　电控节气门系统组成

发动机 ECU 根据各传感器输入信号确定最佳的节气门开度，并通过对控制电动机和电磁离合器的控制改变节气门开度。如图 5-18 所示。

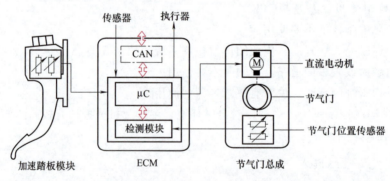

图 5-18　电控节气门电控原理

加速踏板模块集成了两个相同的无触点型踏板位置传感器，一个用于主信号，一个用于副信号，作为控制节气门开度的基础。结构如图 5-19（a）所示，原理如图 5-19（b）所示。

减速传动机构、节气门机构和节气门位置传感器如图 5-20 所示。节气门阀片的位置由一个电动机调节控制，该电动机采用具有优异响应性能和最小功率消耗的直流电动机。

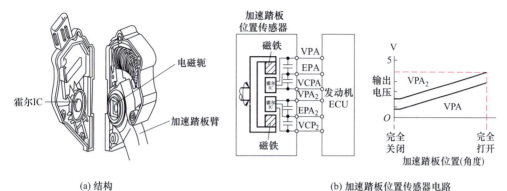

(a) 结构　　　　　　　　　　　(b) 加速踏板位置传感器电路

图 5-19　加速踏板位置传感器结构和电路

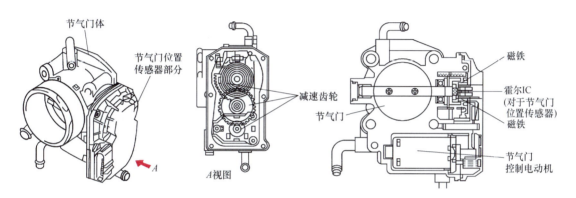

图 5-20　电控节气门减速机构组成

3. 电控节气门的工作情况

发动机不转，点火开关打开：发动机控制单元根据加速踏板位置传感器的信息来控制节气门控制器。例如，当加速踏板踏下四分之一时节气门驱动装置以同样的尺度打开节气门，则节气门也打开到四分之一。

怠速控制：当发动机空转时，PCM 控制节气门作动器，从而保持与发动机负载相应的怠速。

加速控制：踩下加速器踏板时，PCM 根据加速器踏板位置（APP）传感器的信号打开节气阀。

巡航控制：巡航控制运转时，PCM 控制节气门作动器，从而保持节气门设定转速。节气门作动器取代了巡航控制作动器。

4. 电控节气门系统控制电路

电控节气门系统控制电路如图 5-21 所示。

三、谐波增压控制系统 ACIS

利用进气管内气流惯性产生的压力波，即"惯性气流波动效应"，来提高充气效率，使发动机的转矩和功率加大。通过改变进气管路的长度和容积，使压力波的波长发生变化，称"谐波效应"。故 ACIS 系统，又称谐波增压进气系统或进气惯性增压进气系统。控制方法如图 5-22 所示。

可变进气管系统

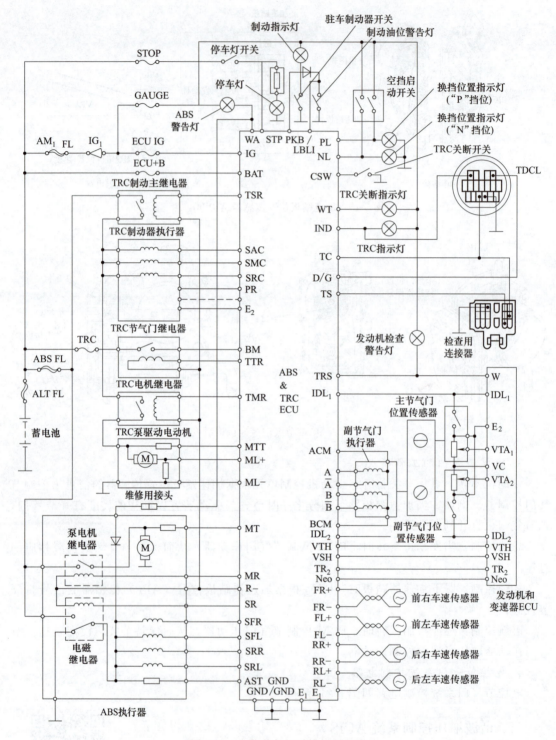

图 5-21 电控节气门系统控制电路

1. 进气系统压力波的产生（图 5-23）

进气门周期性的高速度开闭，进气管内压力起伏变化，产生周期性的压力脉冲波，此压力波也向外辐射形成振动和噪声。这是由于：进气过程中进气门突然关闭，气流惯性使气体压缩,压力上升,气体惯性过后,被压缩的气体开始膨胀,形成"压力波",并向气流的相反方向反射,压力即随之下降。

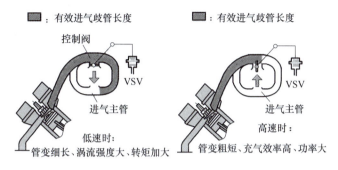

图 5-22　谐波增压进气系统控制方法

压力波到进气管口处,因滤芯的阻挡又被反射回来,如此反复的振荡形成噪声(呜…)。进气管压力波还对发动机充气效率的影响较大,发动机转速、进气管长度和容量、音速的大小是直接因素。

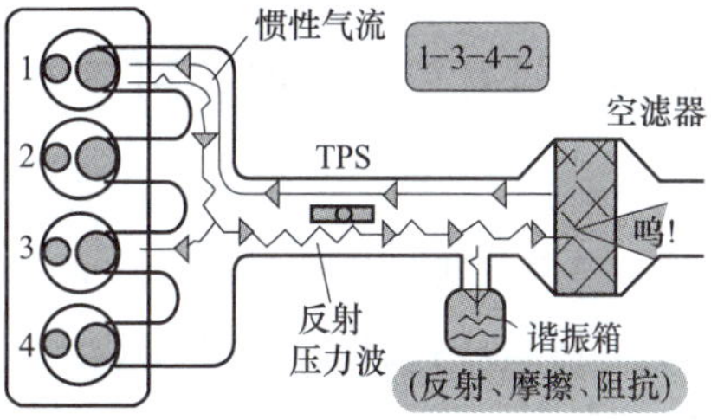

"声能压力波"也是一种能量,变消耗为利用为上策,ACIS 系统就是利用这些"声能"参数,来改变发动机的转矩和功率值。故"声控进气系统"ACIS 就应运而生。

2. 进气系统压力波的利用(见图 5-24)

理论和试验证明:进气管细、长时,压力波变长;进气管粗、短时,压力波变短。谐波增压系统 ACIS 就是利用这一特点,改变进气管长度(奥迪 A6)和改变进气管容积(丰田-皇冠 3.0L)的方式,来提高增压效果的。

图 5-23　进气系统压力波的产生

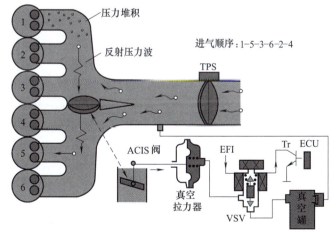

图 5-24　进气系统压力波的利用

3. 改变进气管长度的方式(奥迪 A6)(见图 5-22)

它是将多路进气支管用两种不同长度和不同直径合并而成,电脑 ECU 根据不同的节气门开度和发动机转速,通过真空电磁阀 VSV 的开闭,控制六个支管的阀门适时转换,来改变进气通道。转折点是:节气门开度 60°,转速 4100r/min 时产生转换。

① 低、中速时:控制阀关闭,进气通道细、长,压力波变长,提高了进气流速,进气涡流强,气流动能大,改善了燃烧过程,可提高发动机的转矩,燃油经济性好。

② 高速时:控制阀打开,进气通道粗、短,压力波变短,减小进气阻力,充气效率高,可提高发动机功率。

4. 谐波增压进气系统常见故障分析

① 进气管的积炭,常使阀门动作失灵,用手动真空泵给控制阀施加一定负压,真空拉力器和阀门应转动 90° 打开,故应定期用清洗剂喷洗。

② 真空电磁阀 VSV 的故障多为脏堵犯卡而失灵,应定期清洗维护。它的电阻值在气温 20℃ 时,丰田车系应为 38.5~44.5Ω;奥迪车系应为 25~35Ω。它的开闭控制点应符合规定数值(丰田车为 53.3kPa;奥迪车为 4100r/min)。用 12V 电压通电试验,阀门开闭应清脆力。

③ 应定期检查进气管和真空罐的真空度,怠速时 $\Delta p_x > 60$ kPa,防止进气系统管路漏气。

四、可变气门正时控制系统

(一)可变气门正时系统功能

一般发动机进排气门的气门正时,在任何转速与负荷时,都是在固定位置开闭,例如发动机的气门正时规格是 6°BTDC、40°ABDC、31°BBDC 与 9°ATDC 时,表示进气门在上止点前 6° 打开,下止点后 40° 关闭;排气门在下止点前 31° 打开,上止点后 9° 关闭,如图 5-25 所示为丰田车系气门正时图,图 5-26 所示为本田车系气门正时图。

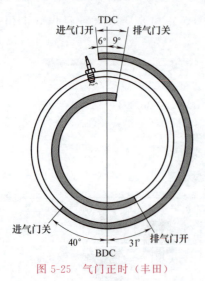

图 5-25 气门正时(丰田)

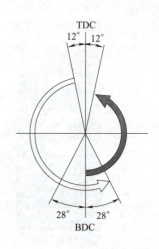

图 5-26 气门正时(本田)

日产汽车公司的 VTC 设计,是在一定的作用条件时,使进气门提早打开,发动机在低速有高转矩,可变气门正时只有一段变化;而丰田汽车公司的 VVT-i 设计与宝马(BMW)汽车公司的 VANOS 设计,均为连续可变气门正时系统,气门开度是一定的,即举升是一定的,但气门开闭时间随发动机转速与负荷而连续可变,达到省油、怠速稳定、提高转矩、增大动力输出及减小污染的目的。

本田汽车公司的 VTEC 设计，系可变气门正时与举升系统，其气门打开的举升可变，因此气门正时随之改变，但气门举升改变是分段式，目前最多分成三段，同样达到省油、怠速稳定、提高转矩、增大动力输出及减小污染的目的。

（二）可变气门正时系统的构造、作用

可变气门正时系统种类有 VTC、VANOS、VVT-i、VTEC 等。

1. VTC

日产汽车公司称为气门正时控制（VTC），为可变气门正时系统，仅改变进气门的气门正时。

组成如图 5-27 所示，由进气凸轮轴前端的控制器总成、气门正时控制阀、ECM 及各传感器所构成。

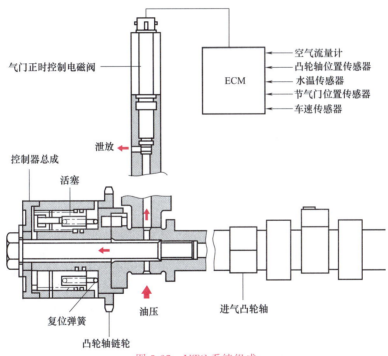

图 5-27　VTC 系统组成

电路控制方块图如图 5-28 所示。

ECM 根据各传感器信号，使气门正时控制电磁阀 OFF 或 ON。

当气门正时控制电磁阀 OFF 时［见图 5-29（a）］，电磁阀打开，油压从电磁阀泄放，进气门正常时间开闭，由于无气门重叠角度，故怠速平稳；且由于进气门较晚关，故高转速时充填效率高。

当气门正时控制电磁阀 ON ［见图 5-29（b）］时，电磁阀关闭，油压进入控制器，使进气凸轮轴位置改变，进气门提前 20°打开，在较低转速时，即可得到较高转矩，如图 5-30 所示。

2. VVT-i

丰田汽车公司称为智能型可变气门正时（VVT-i），为连续可变气门正时系统，首先应

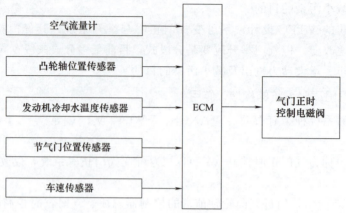

图 5-28　VTC 电路控制方块图

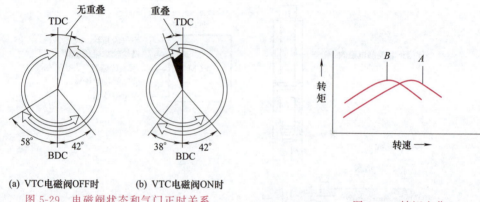

(a) VTC电磁阀OFF时　　(b) VTC电磁阀ON时

图 5-29　电磁阀状态和气门正时关系

图 5-30　转矩变化

用在丰田汽车的高级房车 LEXUS 上，目前国产 COROLLA、ALTIS 及 CAMRY 也已开始采用。不同的排气量与发动机时，进气门的开启度数有不同变化，例如 COROLLA、ALTIS 在 2°～42°BTDC 时进气门开启，50°～10°ABDC 时进气门关闭。

VVT-i 的设计理念与 VANOS 相同，都是移动凸轮轴的位置，以改变气门正时与气门重叠角度，只是移动凸轮轴的机构有点不同。

VVT-i 的气门正时连续可变，只针对进气门而设计，排气门的气门正时是固定的。气门正时虽然连续可变，但举升是固定的。

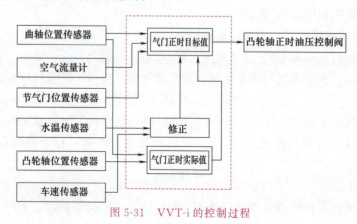

图 5-31　VVT-i 的控制过程

VVT-i 的控制如图 5-31 所示，ECM 接收各传感器信号，经由修正及气门正时实际值的回馈，确立气门正时目标值，以占空比的方式控制凸轮轴正时油压控制阀，改变油压的方向或油压的进出，达到使进气门正时提前、延后或固定的目的。

如图 5-32 所示，VVT-i 执行器装在进气凸轮轴前端，凸轮轴正时油压控制阀装于其侧端。

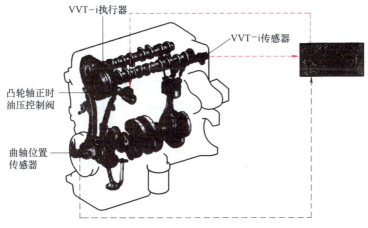

图 5-32　VVT-i 的组成

VVT-i 执行器的构造如图 5-33 所示，叶片与进气凸轮轴固定在一起，在外壳内，因油压的作用，叶片可在一定角度内前后位移，带动进气凸轮轴一起旋转，达到进气门正时的连续不同变化；另外锁定销侧有油压送入时，柱塞克服弹簧力量向左移，与链轮盘分离，故叶片可在执行器内左右移动；但无油压进入时，柱塞弹出，叶片与链轮盘及外壳等联结成一体转动。

VVT-i 的作用如下。

① 进气门正时提前：ECM 送出 ON 时间较长的占空比信号给凸轮轴正时油压电磁阀，如图 5-34 所示，阀柱塞移至最左侧，此时左油道与机油压力相通，而右油道则为回油，故机油压力将叶片向凸轮轴旋转方向推动，使进气凸轮轴向前转一角度，进气门提前开启，进排气门重叠开启角度最大。

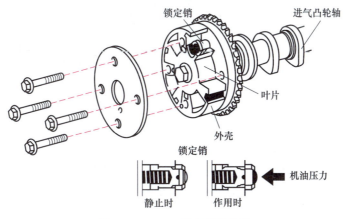

图 5-33　VVT-i 执行器的构造

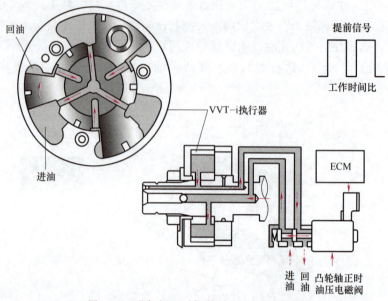

图 5-34 进气门正时提前时 VVT-i 的作用

② 进气门正时固定：ECM 送出 ON 时间一定的工作时间比信号给凸轮轴正时油压电磁阀，如图 5-35 所示，阀柱塞保持在中间，堵住左、右油道，此时不进油也不回油，叶片保持在活动范围的中间，故进气门开启提前角度较少。

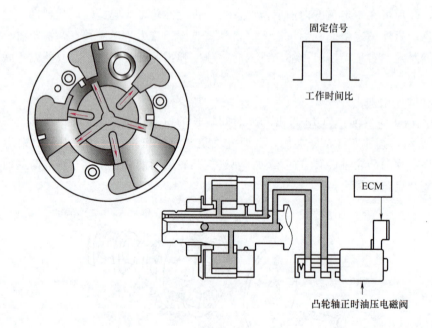

图 5-35 进气门正时固定时 VVT-i 的作用

③ 进气门正时延迟：ECM 送出 ON 时间较短的工作时间比信号给凸轮轴正时油压电磁阀，如图 5-36 所示，阀柱塞移至最右侧，此时左油道回油，右油道与机油压力相通，故机油压力将叶片逆凸轮轴旋转方向推动，故进气门开启提前角度最少。

VVT-i 在各种运转状态及负荷时进气门的提前状况及优点，如表 5-1 所示。

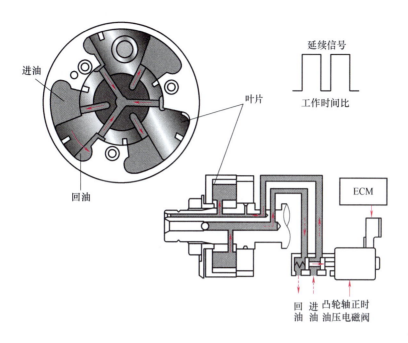

图 5-36 进气门正时延迟时 VVT-i 的作用

表 5-1 VVT-i 在各种运转状态及负荷时进气门的提前状况及优点

运转状态	气门状态	优点	运转状态	气门状态	优点
怠速	EX/IN	怠速运转稳定、省油	高转速高负荷	EX/→IN	提高功率输出
轻负荷	EX/→IN	确保发动机稳定性	低温时	EX/IN	快怠速运转稳定、省油
中负荷	EX/←IN	省油、低污染			
低/中转速高负荷	EX/IN←	提高转矩与功率输出	启动时	EX/IN	改善启动性

3. VTEC

本田汽车公司称为电子控制可变气门正时与举升系统（VTEC），当改变气门之举升时，气门正时与气门重叠角度随之改变。

1980 年代中期，本田汽车公司在可变气门正时系统最早开发成功，并应用在量产车上，以现代每缸四气门发动机为例，驱动进气门的凸轮轴上有两种不同高度的凸轮，利用气门摇臂内活塞位置的切换，以决定低或高凸轮顶开进气门；甚至每缸凸轮轴上有三种不同高度的进气凸轮，也是利用气门摇臂内活塞位置的切换，使两支进气门一微开一中开、两支均中开或两支均大开，以达到低速时省油、转矩高，中速时转矩与功率输出兼具，高速时功率大的特点。

表 5-2 所示为本田汽车公司五种 VTEC 形式的比较。

表 5-2 五种 VTEC 形式的比较

型式		DOHC VTEC	SOHC VTEC	SOHC VTEC-E	SOHC NEW VTEC	SOHC 3STAGES VTEC
控制的气门	进气门	作用	作用	作用	作用	作用
	排气门	作用	无	无	无	无
执行方式（开度）	低速 进气门	2 小	2 小	1 大 1 小（微开）	1 中 1 小（微开）	1 中 1 小（微开）
	低速 排气门	2 小				
	中速 进气门			转换区	转换区	2 中
	中速 排气门					
	高速 进气门	2 大	2 大	2 大	2 大	2 大
	高速 排气门	2 大				
执行条件	水温	60℃ 以上	60℃ 以上	-5.3℃ 以上	10℃ 以上	低→中：40℃ 以上 中→高：60℃ 以上
	转速	5600r/min 以上	4800r/min 以上	2500r/min 以上	2300～3200r/min 之间依歧管压力而定	低→中：3000r/min 中→高：6000r/min
	车速	30km/h 以上	AT：5km/h 以上 MT：20km/h 以上	5km/h 以上	10km/h 以上	AT：10km/h 以上 MT：15km/h 以上
	发动机负荷			依歧管压力而定		以节气门开度而定
车种		S200	CIVIC JM	CIVIC VX	ACCORD LS	CIVIC JC

以下介绍两种 VTEC，一种是 SOHC NEW VTEC，另一种是 SOHC 3STAGES VTEC。

(1) SOHC NEW VTEC

① 概述　现代常用的四气门发动机，由于气门打开举升是固定不变的，若要具有高转速、高输出的性能，就无法兼顾到一般行车常用转速范围的性能。高转速、高输出的发动机，在低转速时会出现转矩不足、怠速稳定性较差，且燃油消耗量较高的现象。

现代的理想发动机：能够适应各种转速变化，具有宽广动力波段的可变气门正时与举升机构的发动机。

在低转速时，因主副进气门开度不同，提供一巨大的升降差异，而得到强烈的回转涡流，能产生高燃烧效率，提高低转速转矩、怠速稳定性及减低燃油消耗率；在高转速时，因主副进气门同时大开，故能产生高功率。

② 构造　可变气门正时及举升机构，在凸轮轴上，每缸进气门设有一低一高两个低转速用凸轮及一个高转速用凸轮如图 5-37 所示。

在一般回转域时，低转速用凸轮驱动，主进气门开度比副进气门大；在高回转域时，高转速用凸轮驱动，主副进气门以相同开度打开，举升比低速时大。

可变气门正时与举升机构的构造，如图 5-38 所示。由凸轮轴、主摇臂、副摇臂、中间摇臂、正时活塞、正时板、同步活塞、同步活塞与主副进气门等所组成。

中间摇臂的两端分别是主摇臂与副摇臂，中间摇臂为高转速用，主摇臂与副摇臂为低转

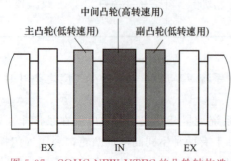

图 5-37　SOHC NEW VTEC 的凸轮轴构造

项目五 进气控制系统原理与检修

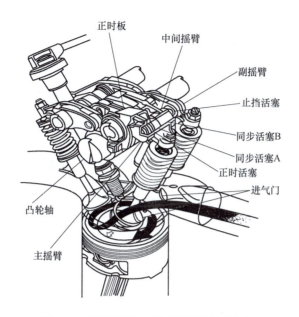

图 5-38 可变气门正时与举升机构的构造

速用。

主摇臂内有正时活塞与同步活塞 A，中间摇臂内有同步活塞 B，副摇臂内有止挡活塞。每缸的凸轮轴上有三种不同举升的凸轮，中间凸轮为高回转用，举升最大，左右凸轮为低回转用，主凸轮举升次之，副凸轮举升最小。中间摇臂内有运动弹簧总成，为一辅助定位装置，可抑制低回转时的摇臂空隙，并可在高回转时，圆滑地驱动进气门，为使摇臂容易连接与分离，特别加装了正时板。

③ 作用

低转速时：如图 5-39 所示，主、副摇臂与中间摇臂分离，分别由主、副凸轮 A、B 以不同的时间与举升驱动。主进气门开度约 9mm，副进气门则微开。

高转速时：如图 5-40 所示，因油压进入，正时活塞向右移，主、副与中间摇臂被同步活塞 A 与 B 连接成一体动作，故 3 个摇臂均由中间凸轮 C 以高举升驱动。此时主副进气门开度约为 12mm。

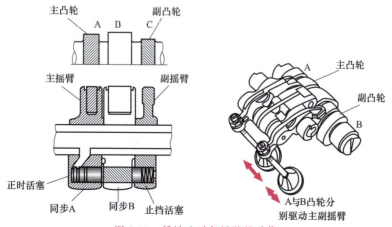

图 5-39 低转速时各摇臂的动作

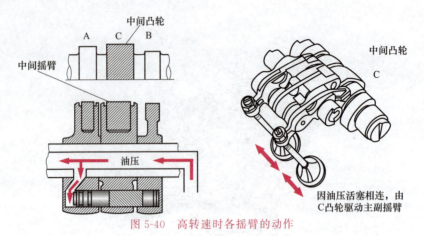

图 5-40 高转速时各摇臂的动作

④ ECM 控制　如图 5-41 所示，电脑依据发动机转速、发动机负荷、车速及水温的信号，在下列条件下切换为高回转的驱动状态。

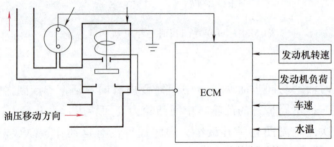

图 5-41　SOHC NEW VTEC 的电脑控制系统

发动机转速：2300～3200r/min 间，依歧管负压而变化。

发动机负荷：依歧管负压值。

车速：10km/h 以上。

水温：10℃以上。

(2) SOHC 3STAGES VTEC

① 构造　如图 5-42 所示，它具有两组活塞组及两个油路，气门摇臂的构造也与二段式 VTEC 不同，如图 5-43 所示。

② 利用进气门三段式的不同开度以达到的目的

低转速时：省油及转矩提高。

中转速时：转矩及功率保持在高水平。

高转速时：输出功率大。

③ 三段式 VTEC 的作用

第一段时（低转速）：两个油路都没有油压，三个气门摇臂都可自由活动，两支进气门分别由主摇臂与副摇臂驱动，气门升程分别是 7mm 与微开，使进气涡流强烈，燃烧完全，达到省油及转矩提高的效果，如图 5-44（a）所示。

第二段时（中速）：上油路送入油压，活塞 A 移动，使主摇臂与副摇臂结合为一体，因此两支进气门均由主摇臂驱动，即由低速凸轮驱动，举升都是 7mm，以确保中转速时转矩与功率值，如图 5-44（b）所示。

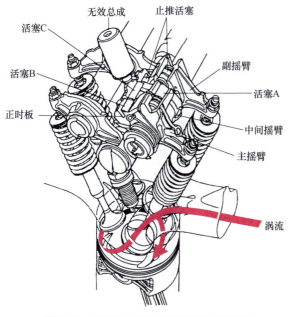

图 5-42 SOHC 3STAGES VTEC 的构造

图 5-43 SOHC 3STAGES VTEC 气门摇臂的构造

第三段时：上、下油路都送入油压，上油路的油压仍使主、副摇臂结合为一体；下油路送入的油压，使活塞 B 与活塞 C 移动，故中间摇臂与主摇臂及副摇臂结合为一体，两支进气门均由中间摇臂驱动，即由凸轮高度最高的高速凸轮驱动，两支进气门的举升都是 10mm，以确保高功率的输出，如图 5-44（c）所示。

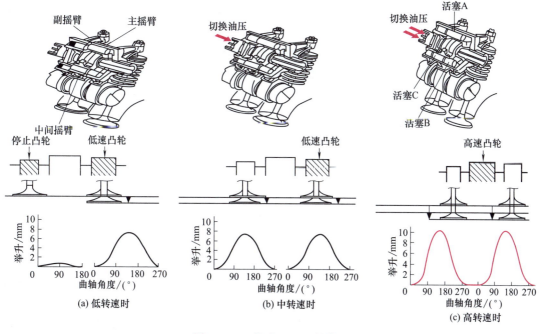

图 5-44 三段式 VTEC 的作用

三段式 VTEC 的电路及作用油路如图 5-45 所示。

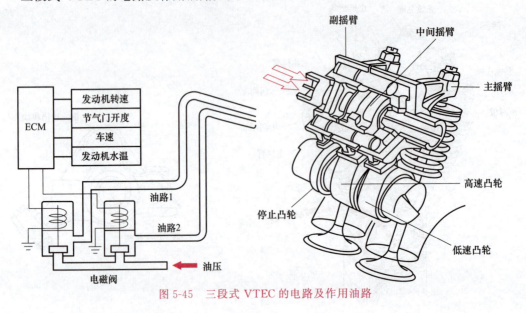

图 5-45　三段式 VTEC 的电路及作用油路

（三）可变气门正时（与举升）系统的改良

1. VANOS

VANOS 与 VVT-i 系统是气门正时随发动机转速与负荷而连续可变，但举升没有变化；无法兼顾低转速省油及高转速高功率的需求；VTEC 系统是气门正时与举升均可变，但其举升变化是分成二段或三段，因此气门正时也是分段式的变化，无法如 VANOS 与 VVT-i 般的连续可变。

2. VVTL-i

① TOYOTA 最新的 VVTL-ic，为连续可变气门正时与二段举升系统，与 VVT-i 功能相同外，气门并可做二段式举升变化，与 VTEC 相似。

② VVT-i 的二段举升变化，是在凸轮轴与气门间加入摇臂，利用油压，使摇臂销移动，以便摇臂销顶到低、中速凸轮或高速凸轮。当无油压时，摇臂销不动，低、中速凸轮顶到摇臂，气门开度较小；当有油压时，摇臂销向右移动，高凸轮顶到摇臂，气门开度较大。

3. Valvetronic

① BMW 最新的 Valvetronic，为连续可变气门正时与举升系统，除了气门正时为连续可变外，举升可以连续微调变化。

② 举升连续变化，是使摇臂驱动时，非固定圆心转动，而是微偏中心点，虽然量不大，但再经过摇臂的杠杆作用，气门举升即为连续可变。

4. i-VTEC

① HONDA 最新的 i-VTEC，为连续可变气门正时与阶段式举升系统，系 VTEC＋VTC＋intelligent 的结合，与 VTEC 功能相同外，利用 VTC，使气门正时为连续可变。

② VTC 装置，功能与 VVT-i 的控制器相同，装在凸轮轴前端的 VTC 执行器，以油压控制，使凸轮轴左右转动，以提前或延迟气门的开启时间，使气门正时可连续

变化。

五、进气增压控制系统

（一）增压认知

进气增压系统

提高发动机进气量，从而提高发动机的功率和扭矩，让车子更有劲。

（1）增压是提高功率的有效途径

① 加大气缸总排量，即增加气缸数，增大气缸直径 D 和行程 S。

② 提高转速 n。

③ 提高平均有效压力

（2）增压度 φ　发动机增压后增长的功率与增压前的功率之比。

（3）增压比　增压后空气压力 p_k 与增压前的空气压力 p_0 之比。增压发动机按照增压比的大小可以分为：

低增压，$k<1.6$；中增压，$k=1.6\sim2.5$；高增压，$k>2.5$。

（4）增压的优、缺点

优点：

① 在保证输出功率 P_e 不变的情况下，可以使气缸数减少或者气缸直径减小，从而可以减小发动机的比质量和外形尺寸。

② 提高热效率，降低燃油消耗率。

③ 减少排气污染和噪声。

④ 降低发动机的单位功率造价。

⑤ 对补偿高原功率损失十分有利。

缺点：

① 增压发动机的机械负荷和热负荷都较高。

② 增压发动机很难满足车辆对转矩适应性及瞬变工况的要求。

③ 车用汽油机应用增压技术较困难。

④ 适用的小型涡轮增压器发展晚并且效率偏低。

（5）增压系统的分类

① 机械增压系统。

② 气波增压系统。

③ 废气涡轮增压系统。

④ 复合增压系统。

（二）废气涡轮增压系统（图 5-46）

增压器与发动机无任何机械联系，压气机由内燃机废气驱动的涡轮来带动。在增压压力较高时，为了降低增压空气进入发动机气缸的温度，需要增设空气中间冷却器。该系统应用广泛，一般增压压力可达 $180\sim200$ kPa，最高甚至达到 300 kPa。

1. 废气涡轮增压器的基本结构及原理

利用发动机排出的高温高压废气的热能和动能，驱使涡轮增压器中的动力涡轮带动同轴的增压涡轮一起转动，从而加大循环进气量，提高发动机的输出功率，提高动力性和经济性。增压后进气温度提高，混合气可以适当变稀，从而可以使 CO 和 HC 的排放量有所

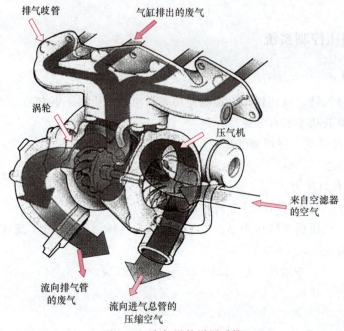

图 5-46 废气涡轮增压系统

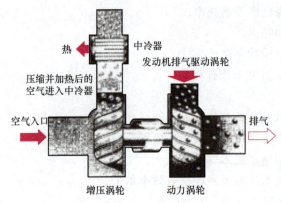

图 5-47 废气涡轮增压器的组成

降低。

国产一汽奥迪 A6 1.8T、一汽宝来 1.8T 和上海帕萨特 1.8T 等乘用车都采用了带废气涡轮增压器的增压进气系统。基本组成如图 5-47 所示。

主要部件有涡轮增压器、增压压力电磁阀、膜片式放气控制阀和冷却器。涡轮增压器内有动力涡轮和增压涡轮,它们安装在同一根轴上。奥迪 1.8T 涡轮增压器如图 5-48 所示。废气涡轮增压原理如图 5-49 所示。

利用发动机排出的废气作为动力来推动涡轮增压机内的涡轮(位于排气道内),涡轮又带动同轴的压缩轮(位于进气道内),压缩轮就压缩由空气滤清器管道送来的新鲜空气,再送入气缸。

2. 增压压力的控制

为了保证发动机在不同转速及工况下都得到最佳增压值,防止发动机爆震和限制热负

项目五 进气控制系统原理与检修

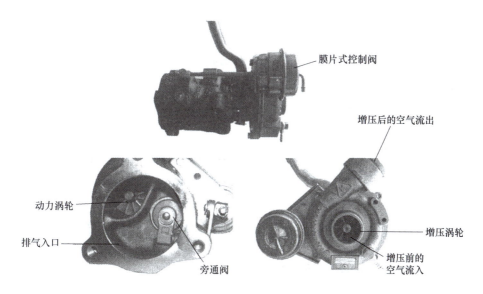

图 5-48 奥迪 1.8T 涡轮增压器

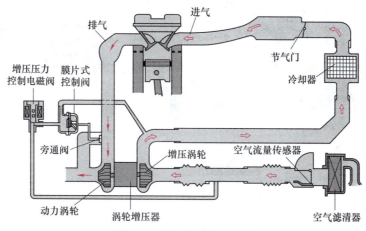

图 5-49 废气涡轮增压原理

荷，对涡轮增压系统增压压力必须进行控制。

① 旁通放气法：调节进入动力涡轮室的废气量从而对增压压力进行控制。

② 带有涡轮增压的汽油发动机电子控制系统。

六、进气系统相关传感器介绍

（一）空气流量传感器的识别与检测

1. 空气流量计的作用

检测发动机的进气量，并将进气量大小转变为电信号输入发动机电子控制单元 ECU，以供 ECU 计算喷油量、点火正时、废气再循环控制及发动机怠速控制等控制参数。

出现故障：会造成汽车启动困难、怠速不稳、发动机动力不足、加速不良、易熄火等

空气质量流量传感器

现象。

2. 空气流量计的类型

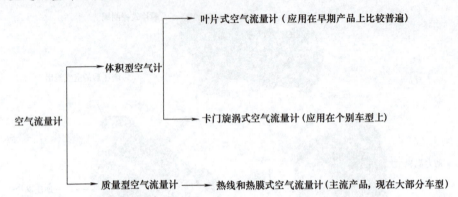

3. 空气流量计的安装位置

空气流量计的安装位置如图 5-50 所示。

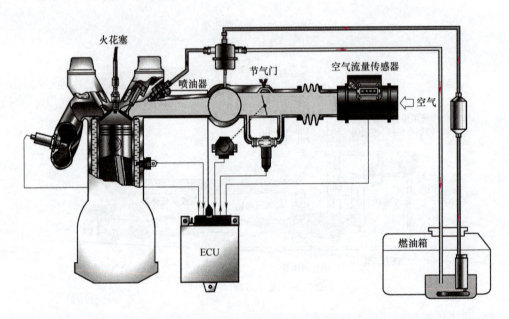

图 5-50　空气流量计的安装位置

4. 热膜式空气流量计的检测（图 5-51）

① 用 LED 灯连接空气流量计插接器 2 端子和发动机搭铁点，启动发动机，LED 灯应当亮，若不亮，则检查熔断器与插接器 2 端子之间是否存在断路，如果正常，则检查燃油泵继电器。

② 空气流量计供电电压的检查必须在燃油泵继电器和熔断器正常情况下，用万用表检测空气流量计插接器 4 端子与搭铁之间的电压，应为 5V。否则，应检查连接线路，如正常，更换发动机 ECU（J220）。

③ 用吹风机向空气流量计内吹风，用万用表测量插座端子 5 和 3 之间的电压。改变距离（改变进气量），电压表读数应平稳缓慢变化，距离远时电压值下降；距离近时电压值升高。否则应更换空气流量计。

项目五　进气控制系统原理与检修

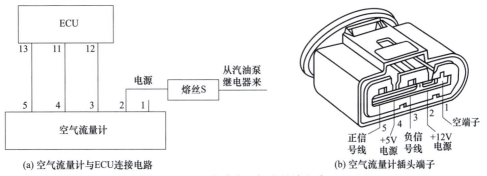

图 5-51　热膜式空气流量计电路

（二）进气压力传感器检测

常见进气压力传感器外形如图 5-52 所示，安装位置在进气歧管上，如图 5-53 所示。

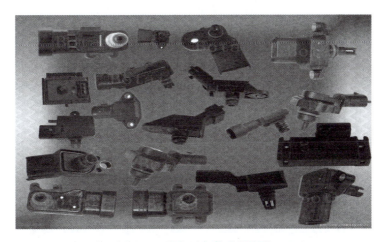

图 5-52　进气压力传感器外形

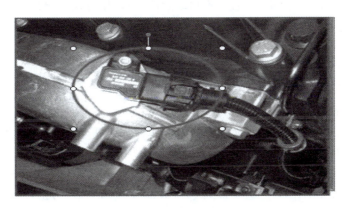

图 5-53　安装位置

1. 进气压力传感器功用

① 检测节气门后方进气管内的进气压力，计算进气量，决定基本喷油量和基本点火提前角。进气压力越大，进气量越多，喷油越多，点火提前角越小。

② 监测废气循环量和油箱蒸汽回收量。与进气流量传感器共用，提高检测精度。

93

2. 进气压力传感器检修步骤

步骤1：读资料，读图，识别电路（见图5-54）。

传感器电源电压的检测如下（见图5-55）。

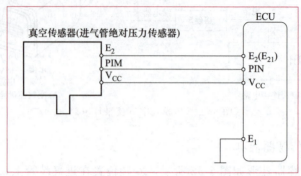

图5-54 进气压力传感器电路

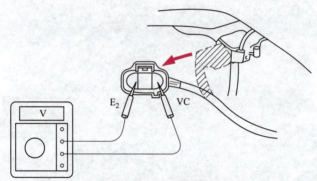

图5-55 传感器电源电压的检测

① 点火开关置于"OFF"位置，拔下进气歧管绝对压力传感器的导线连接器。

② 将点火开关置于"ON"位置（不启动发动机），用万用表电压挡测量导线连接器中电源端 V_{CC} 和接地端 E_2 之间的电压。其电压值应为 4.5～5.5V。如有异常，应检查进气歧管绝对压力传感器与ECU之间的线路是否导通。若断路，应更换或修理线束。

传感器输出电压的检测如下。

① 接通点火开关。

② 脱开进气室一侧的真空软管，如图5-56（a）所示。

③ 用万用表电压挡测量ECU插接器侧进气压力传感器 $PIM-E_2$ 端子间在大气压力状态下的输出电压，如图5-56（b）所示，并记下这一电压值。

④ 用手提式真空泵向进气压力传感器内施加真空，从13.3kPa（100mmHg）起，每次递增13.3kPa（100mmHg），一直增加到66.7kPa（500mmHg）为止，测量在不同真空度下传感器 $PIM-E_2$ 端子间的输出电压。该电压应能随真空度的增大而不断上升。将不同真空度下的输出电压下降量与标准值相比较，如不符，应更换进气歧管压力传感器。皇冠3.0轿车2JZ-GE发动机进气压力传感器的标准输出电压值见表5-3。

表5-3 进气压力传感器的标准输出电压值

真空度/kPa(mmHg)	13.3(100)	26.7(200)	40.0(300)	53.3(400)	66.7(500)
电压值/V	0.3～0.5	0.7～0.9	1.1～1.3	1.5～1.7	1.9～2.1

项目五 进气控制系统原理与检修

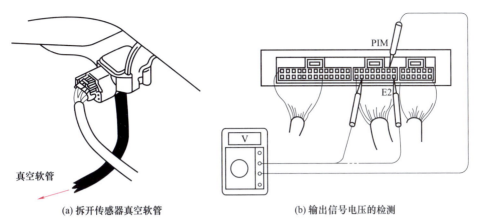

(a) 拆开传感器真空软管　　(b) 输出信号电压的检测

图 5-56　传感器输出电压的检测

步骤 2：分析故障点。

步骤 3：检测方法。

故障诊断仪：读取故障码、读取数据流。

万用表：流量信号、搭铁线、电源线。

示波器：测量流量信号波形。

万用表检测如下。

信号线：接脚 PIM 与 E_2 间的动态信号电压，随进气压力增大而增大。

搭铁线：插头 E_2 与搭铁间的搭铁电阻，应为 0Ω。

电源线：插头 V_{CC} 与搭铁间的供电电压，应为 4.5～5.5V。

（三）冷却液温度（进气温度）传感器

冷却液温度传感器外形如图 5-57 所示。冷却液温度传感器检测如下。

图 5-57　冷却液温度传感器外形

（1）冷却液温度传感器的就车检测

① 关闭点火开关，脱开冷却液温度传感器插接器。

② 用万用表电阻挡就车检测传感器插接器两端子间的电阻，如图 5-58 所示。电阻值在温度低时大，温度高时小，在热机状态下电阻值应小于 $1k\Omega$。

95

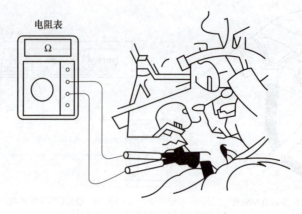

图 5-58　万用表电阻挡就车检测传感器插接器两端子间的电阻

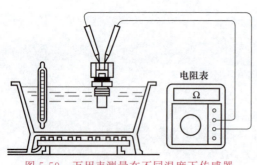

图 5-59　万用表测量在不同温度下传感器两端子间的电阻

(2) 冷却液温度传感器的车下检测　从发动机上拆下冷却液温度传感器,将传感器放入盛水的烧杯中,加热杯中的水,用万用表测量在不同温度下传感器两端子间的电阻,如图 5-59 所示。其电阻值应符合表 5-4 所列规定值。如果差异太大,则应更换冷却液温度传感器。

(3) 冷却液温度传感器输出信号电压的检测　将点火开关置 ON,用万用表电压挡测量 ECU 的 THA 端子与 E_2 端子间或进气温度传感器插接器 THA 与 E_2 端子间的电压值。在 20℃时应为 0.5~3.4V。否则,应进一步检查进气温度传感器连接线路是否存在断路或短路故障。

不同温度下冷却液温度传感器电阻见表 5-4。

表 5-4　不同温度下冷却液温度传感器电阻

温度/℃	0	20	40	60	80
电阻值/kΩ	6	2.2	1.1	0.6	0.25

(四) 节气门位置传感器电路的检修

安装位置:节气门轴上,如图 5-60 所示。

1. 节气门位置传感器的类型

节气门位置传感器的类型有开关型、线性电位计型、综合型(怠速开关、节气门电位计) 3 种。

节气门位置传感器

(1) 电位计式节气门位置传感器　利用触点在电阻体上的滑动来改变电阻值,测得节气门开度的线形输出电压,可知节气门开度。全关时电压信号应约为 0.5V,随节气门增大,信号电压增强,全开时约为 5V。

(2) 综合式节气门位置传感器　综合式节气门位置传感器(见图 5-61)由一个电位计和一个怠速触点组成。

项目五 进气控制系统原理与检修

图 5-60 安装在节气门体上节气门轴的一端　　图 5-61 综合式节气门位置传感器

2. 节气门位置传感器作用

将节气门开度的大小转变成电信号输入 ECU，用于燃油喷射及其他辅助控制（如 EGR、开闭环控制等）。节气门位置传感器出现故障，会造成发动机怠速过高或过低、无怠速或怠速发抖及排放超标等现象。

3. 节气门位置传感器的检测（图 5-62）

信号线：V_{TA} 与搭铁间的电压随节气门开度的增大而增大，节气门全闭 0.3~0.8V，节气门全开 3.2~4.9V。

搭铁线：插头 E_2 与搭铁间的电阻，应小于 0.5Ω。

电源线：V_C 与搭铁间的电压 5V；IDL 与搭铁间 12V。

传感器电阻：插座各接角间的电阻，应与规定相符。

（1）怠速触点导通性检测（图 5-63）　当节气门全闭时，IDL-E_2 端子间应导通（电阻为 0）。当节气门打开时，IDL-E_2 端子间应不导通（电阻为∞）。否则应更换传感器。

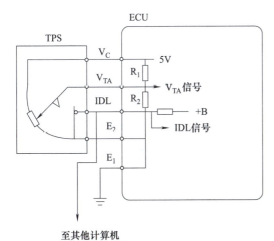

图 5-62 节气门位置传感器的检测

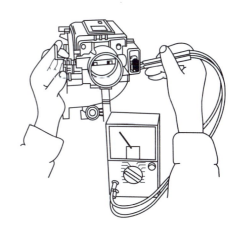

图 5-63 怠速触点导通性检测

（2）线性电位计电阻的检测（图 5-64）

① 点火开关置 OFF 位置，脱开传感器插接器。

97

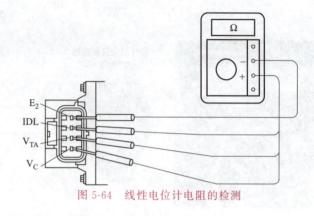

图 5-64　线性电位计电阻的检测

② 用塞尺检查节气门限位螺钉与限位杆间的间隙，用万用表测量节气门位置传感器端子间的电阻值。

（3）电压的检测　插好节气门位置传感器的导线连接器，点火开关置"ON"位置，用万用表电压挡检测 IDL-E_2、V_C-E_2、V_{TA}-E_2 间的电压值应符合表 5-5 要求。

表 5-5　节气门位置传感器各端子间电压值

端子	条件	标准电压
IDL-E_2	节气门全开	9~14V
V_C-E_2	节气门全开	4.0~5.5V
V_{TA}-E_2	节气门全闭	0.3~0.8V
	节气门全开	3.2~4.9V

（4）节气门位置传感器的调整　拧松节气门位置传感器的两个固定螺钉 [图 5-65（a）]，在节气门限位螺钉和限位杆之间插入 0.50mm 塞尺，同时用万用表电阻挡测量 IDL 和 E_2 的导通情况 [图 5-65（b）]。逆时针转动节气门位置传感器，使怠速触点断开，然后按顺时针方向慢慢转动节气门位置传感器，直至怠速触点闭合为止（万用表有读数显示），拧紧节气门位置传感器的两个固定螺钉。再先后用 0.45mm 和 0.55mm 的塞尺插入节气门限位螺钉和限位杆之间，测量怠速触点 IDL 和 E_2 之间的导通情况。当塞尺为 0.45mm 时，IDL 和 E_2 端子间应导通；当塞尺为 0.55mm 时，IDL 和 E_2 端子间应不导通。否则，应重新调整节气门位置传感器。

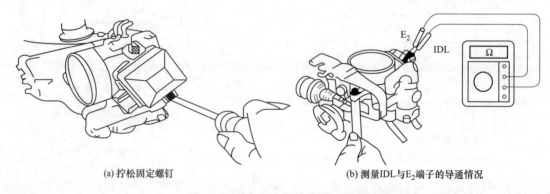

(a) 拧松固定螺钉　　　　(b) 测量IDL与E_2端子的导通情况

图 5-65　节气门位置传感器的调整

项目五 进气控制系统原理与检修

> 任务实施

任务1 空气流量计的检测（热膜式）

> 任务准备

① 工具：数字万用表，汽车示波器，家用电热吹风机，普通温度计，5～12V变压器。
② 设备：发动机故障实验台，优耐特汽车故障诊断中心，进口或国产故障诊断仪。
③ 教具：空气流量计解剖教具一只，热膜式空气流量计8～10只。

空气流量计AFM（Air Flow Meter，AFM）是进气歧管空气流量计（Manifold Air Flow Meter，MAFM）的简称，又称为空气流量传感器（Air Flow Sensor，AFS），其功用是检测发动机进气量大小，并将进气量信息转换成电信号输入电控单元（ECU）以供计算确定喷油量。进气量信号是电控单元精确计算喷油量的主要依据，如果空气流量计发生故障，电控单元将启动备用模式，把空气流量值设定在5g/s，同时记录故障代码。此时将造成怠速不稳、发动机喘抖、怠速游车、怠速转速偏高、燃油脉宽增加、行驶费油、点火推迟、尾气排放恶劣等。

在多点燃油喷射系统中，根据检测进气量的方式不同，空气流量计又分为"D"型（即压力型）和"L"型（即空气流量型）两种类型。字母"D"是德文"Druck（压力）"的第一个字母，是利用压力传感器检测进气歧管内的绝对压力，测量方法属于间接测量法。控制系统利用检测到的绝对压力与发动机的转速来计算吸入气缸的空气量，又称为速度/密度型燃油喷射控制系统。由于空气在进气歧管内流动时会产生压力波动，发动机怠速（节气门关闭）时的进气量与汽车加速（节气门全开）时的进气量之差可达40倍以上，进气气流的最大流速可达80m/s，因此，"D"型燃油喷射系统的测量精度不高，但控制系统的制造成本较低。字母"L"是德文"Luftmengen（空气）"的第一个字母，是利用流量传感器直接测量吸入进气管的空气流量。由于采用直接测量的方法，因此进气量的测量精度较高，控制效果优于"D"型燃油喷射系统。当前各车型采用的"L"型传感器分为体积流量型（如翼板式、量芯式、涡流式）传感器和质量流量型（如热线式和热膜式）传感器。质量流量型传感器工作性能稳定、测量精度高、使用效果好，但制造成本相对"D"型要高。由于热膜式空气流量传感器内没有运动部件，因此没有流动阻力，而且使用寿命远远高于热线式流量传感器。

本次任务选用的是桑塔纳3000型超越者轿车使用的空气流量计，属"L"型热膜式空气流量计（Air Flow Meter），安装在空气滤清器壳体与进气软管之间。其核心部件是流量传感元件和热电阻（均为铂膜式电阻）组合在一起构成热膜电阻。在传感器内部的进气通道上设有一个矩形护套，相当于取样管，热膜电阻设在护套中。为了防止污物沉积到热膜电阻上而影响测量精度，在护套的空气入口一侧设有空气过滤层，用以过滤空气中的污物。为了防止进气温度变化使测量精度受到影响，在护套内还设有一个铂膜式温度补偿电阻，温补电阻设置在热膜电阻前面靠近空气入口一侧。温度补偿电阻和热膜电阻与传感器内部控制电路连接，控制电路与线束连接器插座连接，线束插座设在传感器壳体中部，如图 5-66 所示。

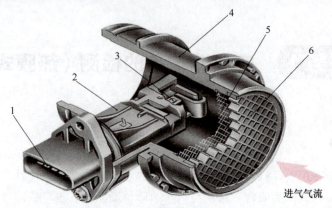

图 5-66　热膜式空气质量计

1—线束插座；2—混合电路盒；3—温度补偿电阻；4—外壳；5—金属滤网；6—导流格栅

(1) 空气流量测量原理　热膜式空气流量计的测量原理是：空气流量计内部电路连接成惠斯登电桥电路。热膜电阻 R_h 和温度补偿电阻 R_t 分别连接到电桥的一个臂上，电桥各个臂的电流由控制电路 A 控制。电桥电压平衡时，控制电路供给热膜电阻的电流 I_h (I_h = 50～120mA) 使其温度 T_h 保持恒定 (T_h = 120℃左右)，供给温度补偿电阻的电流使热膜电阻的温度与温度补偿电阻的温度 T_r 之差保持恒定 ($\Delta T = T_h - T_r$ = 100℃左右)。当空气流经温度补偿电阻和热膜电阻，热膜电阻和温度补偿电阻受到冷却，温度降低，阻值减小。当热膜电阻的阻值减小时，电桥电压就会失去平衡，控制电路将增大供给热膜电阻的电流，使其温度保持恒定 (120℃)。电流增加值的大小，取决于热膜电阻受到冷却的程度，即取决于流过流量传感器的空气量。当电桥电流增大时，取样电阻 R_s 上的电压就会升高，从而将空气流量的变化转换为信号电压 U_s 的变化。由于电阻为线性元件，因此取样电阻上信号电压 U_s 将随空气流量的变化而呈线性变化，信号电压输入电控单元 ECU 后，ECU 便可根据信号电压的高低计算空气流量的大小。当发动机怠速或空气为热空气时，因为怠速时节气门关闭或接近全闭，所以空气流速低，空气量少，又因空气温度越高，空气密度越小，所以在体积相同的情况下，热空气的质量小，因此热膜电阻受到冷却的程度小，电阻值减小少，保持电桥平衡需要的电流小，故取样电阻上的信号电压低。电控单元 ECU 根据信号电压即可计算出空气量，桑塔纳 AT、GSI 型轿车怠速时的空气流量标准值为 0.39g/s 左右。当发动机负荷增大或空气为冷空气时，因为节气门开度增大，空气流速加快，使空气流量增大；而冷空气密度大，在体积相同的情况下冷空气质量大，所以热膜电阻受到冷却的程度增大，电阻值减小多，保持电桥平衡需要的电流增大，因此当发动机负荷增大时，信号电压升高。

(2) 温度补偿原理　当进气温度变化时，热膜电阻的温度就会发生变化，测量进气量的精度就会受到影响。设置温度补偿电阻后，从电桥电路上可以看出，当进气温度降低使热膜电阻上的电流增大时，为了保持电桥平衡，温度补偿电阻上的电流相应增大，以保证热膜电阻的温度与温度补偿电阻的温度之差保持恒定，使传感器测量精度不受进气温度变化的影响。热膜式与热线式空气流量传感器的响应速度很快，能在几毫秒时间内反映出空气流量的变化，因此其测量精度不会受到进气气流脉动的影响（气流脉动在发动机大负荷、低转速运转时最为明显），此外还具有进气阻力小、无磨损部件等优点。热膜式传感器热膜的面积远比热线大,并与热电阻制作在一起,因此不会因沾染污物而影响测量精度。

电路接线图和插头端子如图 5-67 所示。

空气流量计各管脚间电压见表 5-6,空气流量计各管脚定义见表 5-7。

表 5-6 空气流量计各管脚电压

电压	线路侧
2 脚～搭铁	12V
4 脚～搭铁	5V
5 脚急速时	1.4V
5 脚急加速时	2.8V

表 5-7 空气流量计各管脚定义

1 脚空	4 脚 5V 参考电压
2 脚 12V	5 脚传感器反馈信号
3 脚 ECU 机内搭铁	

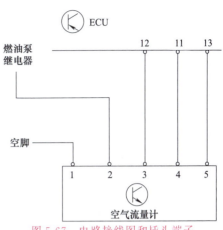

图 5-67 电路接线图和插头端子

实施步骤

1. 讲解

由辅导教师结合空气流量计实物、教学挂图、桑塔纳 AJR 发动机故障实验台、实车等讲解空气流量计的结构与工作原理,检测方法(电阻测试、电压测试、数据流测试),工艺流程,技术规范。

2. 演示

由辅导教师演示空气流量计实测。在空气流量计电器插头的针脚根部标有针脚号。

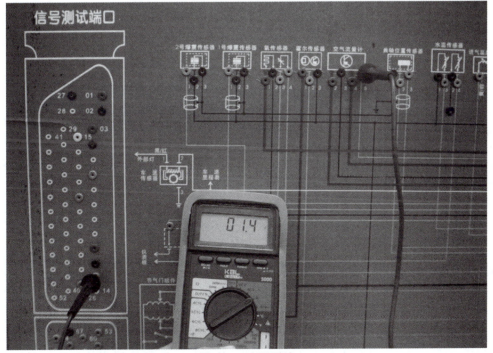

图 5-68 电阻测试

（1）电阻测试（图5-68） 本项目电阻测试为辅助性测试，主要是检测线束的导通性，以确认线束通畅无断路短路，插接器牢靠，各信号传递无干扰。测试在汽车微机控制故障检测诊断实验系统的发动机实验台上进行。

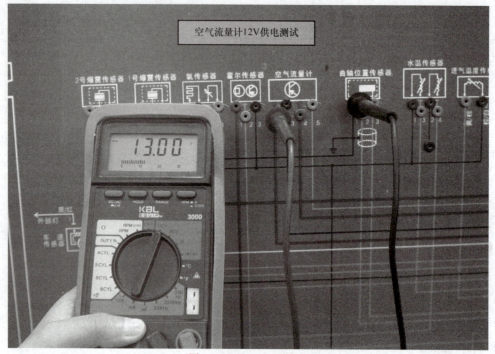

图5-69　12V电压测试

① 线束导通性测试：将数字万用表设置在电阻200Ω挡，在面板上按电路图找到空气流量计图形下面的针脚号与ECU信号测试端口图相应的针脚号，分别测试空气流量计3、4、5号针脚对应至电控单元12、11、13号针脚的电阻，所有电阻都应低于5Ω。

② 线束短路性测试：将数字万用表设置在电阻200kΩ挡，测量空气流量计针脚2与电控单元针脚11、12、13之间电阻，应为∞。测量空气流量计针脚与电控单元针脚：3—11、13；4—12、13；5—11、12之间电阻均应为∞。

注意：在实际维修中，欲测试各条线束的导通性，应关闭点火开关，拔下传感器插头与电控单元插接器，使用数字万用表分别测量各线束间的电阻，相连导线电阻应当小于5Ω，不相连导线电阻应∞为正常。而在汽车微机控制故障检测诊断实验系统的发动机实验台上，进行本项测试不用拔传感器与电控单元插头。在实际测量中，由于测量手法、万用表本身的误差以及被测物体表面的氧化与灰尘等因素，发生几个欧姆的误差属正常现象，不必拘泥于具体数字。

（2）电压测试　本项目电压测试有电源电压测试和信号电压测试两部分，其中信号电压测试是确定空气流量计是否失效的主要依据。

① 电源电压测试：在汽车微机控制故障检测诊断实验系统的发动机实验台上进行。打开点火开关，将数字万用表设置在直流电压20V挡，红色表针置于空气流量计针脚2，黑色表针置于电瓶负极或发动机进气歧管壳体，打启动机时应显示12V，见图5-69；红色表针置于空气流量计针脚4，黑色表针置于电瓶负极或发动机进气歧管壳体，应显示5V，见

图 5-70。

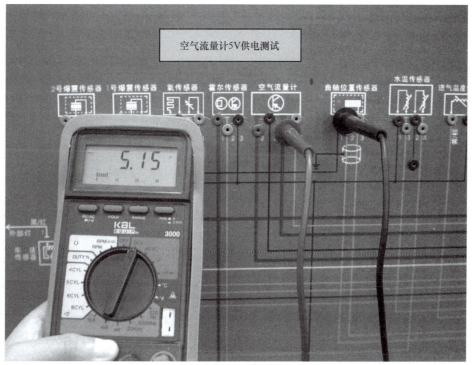

图 5-70　5V 电压测试

注意：在实际维修中，应拔下传感器插头，打开点火开关，测量 2 号端子与接地间电压，打启动机时应显示 12V。此时电控单元会记录空气流量计的故障码，测试完毕后要使用诊断仪清除故障码。而在汽车微机控制故障检测诊断实验系统的发动机实验台上，进行本项测试不用拔传感器插头。

② 信号电压测试：分单件测试和就车测试两部分，就车测试在汽车微机控制故障检测诊断实验系统的发动机实验台上进行。

a. 单件测试：取一空气流量计总成部件，将 12V/5V 变压器 12V 电压或电瓶电压施加在空气流量计电器插座针脚 2 上，将 5V 电压施加在空气流量计电器插座针脚 4 上，将数字万用表设置在直流电压 20V 挡，测量空气流量计电器插座针脚 3 和针脚 5，应有 1.5V 左右电压；使用吹风机从空气流量计隔栅一端向空气流量计吹入冷空气或加热的空气，测量空气流量计电器插座针脚 3 和针脚 5，电压应瞬时上升至 2.8V 回落。不能满足上述条件，可以判定空气流量计有故障。

b. 就车测试：启动发动机并使其达到工作温度，将数字万用表设置在直流电压 20V 挡，测量汽车微机控制故障检测诊断实验系统的发动机实验台上的空气流量计针脚 5 的反馈信号，红色表针置于空气流量计针脚 5，黑色表针置于空气流量计针脚 3、电瓶负极或进气歧管壳体，怠速时应显示电压 1.5V 左右，见图 5-71；急踩加速踏板应显示 2.8V 变化。若不符合上述变化，或电压反而下降，在电源电压与参考电压完好的前提下，可以断定空气流量计损坏，必须更换。

注意：在实际维修中，反馈信号电压的就车测试应在传感器插头尾部，挑开防水胶堵或刺破导线外皮，接万用表后踩动油门踏板，观察电压变化。而在汽车微机控制故障检测诊断

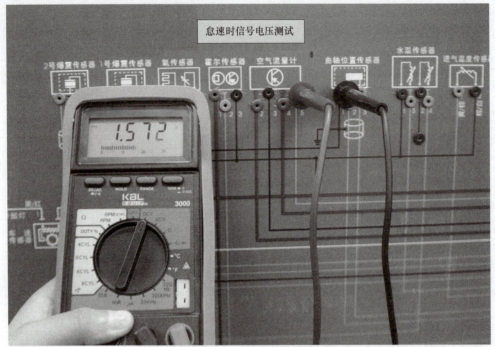

图 5-71 急速时信号电压测试

实验系统的发动机实验台上,进行本项测试不用挑开防水胶堵或刺破导线外皮。

(3) 数据流测试 本项目的数据流测试是使用进口或国产的汽车故障诊断仪,登录发动机控制单元直接读取空气流量计的各项参数,测试条件是发动机在运行中并达到工作温度。数据流的检测方法简便易行,数据直观准确,并能够随时观察到数据的动态变化,是当代汽车电子控制系统故障检测诊断的重要方法,也是当前汽车维修一线急缺的技术。

① 诊断平台的操作 打开"多媒体教学软件";点击"诊断中心",系统会弹出"优耐特故障诊断中心"软件主界面。

点击"选择系统"弹出"常见控制系统"按钮组,选择"[01]发动机系统",软件会自动与发动机电控单元通信连接。此时,一般需要数秒钟的时间。

② 数据分析 读取测量数据流第二组第四项。

数据应显示为在急速下应为 2.0~4.0g/s,如果小于 2.0g/s 说明进气系统有泄漏,如果大于 4.0g/s 说明发动机负荷过大。

3. 学生实作

按指导教师示范的方法步骤,实际练习至少一次。在进行数据分析时,按照现有品牌汽车故障诊断仪的使用说明书进行,虽然各种品牌诊断仪的操作界面和路径不同,但读取的参数应该与指导教师演示的内容是一致的。

4. 考核

① 采用点名抽查、举手问答或单独回答的方式,由学生口述空气流量计的结构原理、工作过程、检修流程、工艺规范与标准参数。

② 主要依据学生填制的《检测报告》确定实训分数。

5. 教学延伸

① 由辅导教师介绍翼板式空气流量传感器、量芯式空气流量传感器、涡流式空气流量

传感器、热线式空气流量传感器的工作原理及结构特点。

② 比较空气流量传感器与进气歧管压力传感器的优劣。

③ 由辅导教师结合现有其他型号的发动机实验台，介绍欧、美、亚各国典型发动机采用的空气流量计的类型与特点。

注意事项

① 空气流量计是精密电子器件，要轻拿轻放，避免空气流量计掉在地上摔坏内部电路和元件。

② 用电热吹风机注意不要将出风口离空气流量计太近，以免烫坏零部件。防止烫伤手指、衣物和其他实验设备。

③ 上实验台测试电压信号时，注意操作流程和相对应的测试端口。原则上只做本次实验相关的测试，其他无关的部位不要测试，否则按原理不清或看不懂电路图扣分。

④ 在实物台架上，测试端口与电控单元直接相连，不要将任何电压加在发动机实验台的测试端口上，以免损坏电控单元。

任务 2　进气压力传感器检测

任务准备

丰田 8A 电喷发动机故障实验台一台、万用表、手动真空泵。

在汽油机上，进气管绝对压力传感器用来测量进气管内气体的绝对压力，并将压力信号转变为电信号送入电子控制单元 ECU，作为燃油喷射控制和点火控制的主控制信号。进气管绝对压力传感器按照内部结构不同分为压敏电阻式、电容式、膜盒式、表面弹性波式等，但目前应用较为广泛的是压敏电阻式和电容式。压敏电阻式内部结构如图 5-72 所示。半导体膜片一侧作用的真空室，另外一侧接的是进气管压力；当进气管压力发生变化时，使得半导体膜片发生变形，从而使应变电阻所在的桥式电路平衡被打破，产生电压信号，经控制电

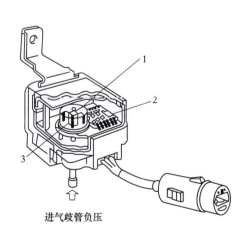

图 5-72　半导体压敏电阻式进气管绝对压力传感器

1—半导体膜片；2—控制电路；3—真空室

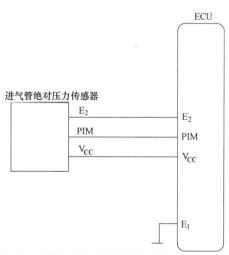

图 5-73　压敏电阻式进气管绝对压力传感器电路

路放大后送入ECU。

压敏电阻式进气管绝对压力传感器与ECU的连接电路如图5-73所示。压敏电阻式进气管绝对压力传感器的插接器主要有三个端子,分别是:电源端V_{CC}、信号端PIM及搭铁端E_2。

ECU通过V_{CC}端子给传感器提供标准的5V参考电压,传感器信号经PIM端子输送给ECU,E_2为搭铁端子。

实施步骤

1. 电源电压检测

点火开关置于"OFF"位置,拆开线束插接器。然后将点火开关置于"ON"位置(不启动发动机),在线束侧用万用表电压挡测量线束插接器电源端子V_{CC}和搭铁端子E_2之间的电压,其电压值应为4.5~5.5V。如有异常,应检查进气管绝对压力传感器与ECU之间的线路是否导通。若断路,应更换或修理线束。

2. 输出信号电压检测

将点火开关置于"ON"位置(不启动发动机),拆下连接进气歧管绝对压力传感器与进气歧管的真空软管,然后用真空泵向进气歧管绝对压力传感器内施加真空,同时在ECU侧用万用表电压挡测量端子PIM与E_2之间的传感器输出信号电压,将测量的数据填入表5-8中。

表5-8　输出信号电压测量记录表

真空度/kPa	13.3	26.7	40.0	53.5	66.7
标准值/V					
电压值/V					

任务3　节气门位置传感器的检测

任务准备

① 工具:数字万用表。
② 设备:发动机故障实验台、K81故障诊断仪。
③ 教具:节气门位置传感器解剖教具一只,测量用轿车节气门位置传感器5只。

实施步骤

1. 节气门位置传感器结构特点

节气门位置传感器结构与原理电路如图5-74所示,主要由可变电阻及其滑动触点、节气门轴、怠速触点壳体组成。可变电阻为镀膜电阻,制作在传感器底板上,可变电阻的滑臂随节气门轴一同转动,滑臂与输出端子V_{TA}连接。

2. 节气门位置传感器输出特性

当节气门关闭或开度小于1.2°时,怠速触点闭合,其输出端"IDL"输出低电平(0V);当节气门开度大于1.2°时,怠速触点断开,输出端"IDL"输出高电平(5V)。

项目五 进气控制系统原理与检修

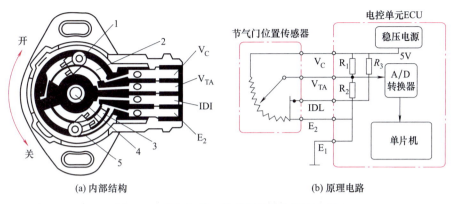

图 5-74 节气门位置传感器结构与原理电路
1—可变电阻滑动触电；2—电源电压；3—绝缘部件；4—节气门轴；5—怠速触点

当节气门开度变化时，可变电阻的滑臂随节气门轴转动，滑臂上的触点便在镀膜电阻上滑动，传感器的输出端子 V_{TA} 与 E_2 之间的信号电压随之发生变化，节气门开度越大，输出电压越高。传感器输出的线性信号经过 A/D 转换器转换成数字信号后再输入 ECU。

节气门位置传感器的技术状态可用万用表检测。当桑塔纳2000GSi型轿车电控系统的节气门位置传感器 TPS 发生故障时，发动机 ECU 都能够检测到，并能使发动机进入故障应急状态运行，利用故障诊断仪通过诊断插座可以读取此故障的有关信息。检修触点开关式 TPS 时，可用万用表测量传感器信号输出端子的输出电压和触点接触电阻进行判断。检测输出电压时，输出电压应当交替变化（由低电平 0 变为高电平 1 或由高电平 1 变为低电平 0）。检测触点状态时，拔下传感器线束插头，测量触点接触电阻应小于 0.5Ω，如阻值过大，说明触点烧蚀而接触不良，应予修磨或更换传感器。

检测可变电阻式 TPS 时，可用万用表检测传感器的电源电压和信号电压。桑塔纳轿车 TPS 的标准维修参数如表 5-9 所示。如电压值不符合表 5-8 中规定，说明传感器失效，应予更换新品。

表 5-9 桑塔纳轿车节气门位置传感器标准参数

检测项目	检测条件	检测部位	标准值
TPS 电源电压	接通点火开关	传感器电源端子"1"至负极端子"3"	约为 5V
TPS 信号电压	①节气门关闭 ②接通点火开关	传感器信号输出端子"2"至负极端子"3"	0.1~0.9V
TPS 信号电压	①节气门全开 ②接通点火开关	传感器信号输出端子"2"至负极端子"3"	3.0~4.8V
TPS 正极导线	拔下控制器、传感器插头	控制器"12"端子至传感器插头"1"端子	<0.5Ω
TPS 信号线	拔下控制器、传感器插头	控制器"53"端子至传感器插头"2"端子	<0.5Ω

续表

检测项目	检测条件	检测部位	标准值
TPS 负极导线	拔下控制器、传感器插头	控制器"30"端子至传感器插头"3"端子	<0.5Ω

当用万用表电阻 Ω×200Ω 挡检测线束电阻时，断开点火开关，拔下控制器 ECU 线束插头和传感器线束插头，检测两插头上各端子之间导线电阻应当符合表 5-9 规定。如阻值过大或为无穷大，说明线束与端子接触不良或断路，应予修理。

任务 4　进气温度和冷却液温度传感器的检测

1. 进气温度传感器的检测

任务准备

① 设备：发动机故障实验台，汽车故障诊断中心，进口或国产故障诊断仪。
② 教具：发动机教学挂图一套，温度传感器解剖教具一只。
③ 工具：数字万用表，汽车示波器，电热壶，普通温度计，5～12V 变压器。

进气温度传感器（Intake Air Temperature Sensor，IATS）的功能是检测进气温度，并将温度信号转换为电信号输入发动机电控单元。进气温度信号是多种控制功能的修正信号，包括燃油脉宽、点火正时、怠速控制和尾气排放等，若进气温度传感器信号中断，将导致发动机热启动困难，燃油脉宽增加，尾气排放恶化。温度是反映发动机热负荷状态的重要参数，为了保证电控单元能够精确地控制发动机正常运行，必须随时监测发动机的进气温度，以便修正诸控制参数，准确计算吸入气缸空气的质量流量以及进行排气净化处理等。空气质量大小与进气温度（密度）和大气（进气）压力高低密切相关。当进气温度低时空气密度大，相同体积气体的质量增大；反之，当进气温度升高时，相同体积气体的质量将减小。在采用各种歧管压力式或空气流量式传感器的燃油喷射系统中，都需要加装进气温度传感器，有些还需要加装大气压力传感器，以便随时监测周围环境温度和大气压力的变化，修正喷油量，使电控单元自动适应外部环境寒冷或高温温度以及不同海拔高度大气压力的变化情况。温度传感器的种类很多，常用的有热敏电阻式、金属热电阻式、线绕电阻式、半导体晶体管式等。热敏电阻又可分为正温度系数（PTC）型热敏电阻、负温度系数（NTC）型热敏电阻、临界温度型热敏电阻和线性热敏电阻。汽车上常用的是负温度系数型热敏电阻式温度传感器，如进气温度传感器、冷却液温度传感器、排气温度传感器和润滑油温度传感器等。热敏电阻是利用陶瓷半导体材料的电阻随温度变化而变化的特性制成的，其突出优点是灵敏度高、响应及时、结构简单、制造方便、成本低廉。其结构主要由热敏电阻、金属或塑料壳体、接线插座与连接导线组成。本次实验采用的是丰田 3000 型超越者轿车使用的负温度系数热敏电阻进气温度传感器。传感器壳体上制有螺纹，安装在进气系统的动力腔上。当进气温度传感器发生故障时，电控单元能够检测到，将设置 P00527 号故障码，同时电控单元启动备用模式，将进气温度恒定在 19.5℃，使发动机进入故障应急状态下运行。利用进口或国产故障诊断仪，通过连接 16 端子诊断插座可以读取此故障的有关信息。

AJR 型发动机进气温度传感器连接电路如图 5-75 所示。

发动机怠速工况，进入 08 功能"读测量数据块"，选择 03 显示组检查进气温度传感器，如果显示数据不真实（显示区域 4 数据显示 19.5℃不变），关闭点火开关，检查传感器插头上端子（图 5-76）和发动机控制单元线束插头间的线路是否有断路或短路，如果线路正常，更换进气温度传感器。

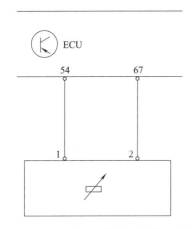

图 5-75　进气温度传感器连接电路

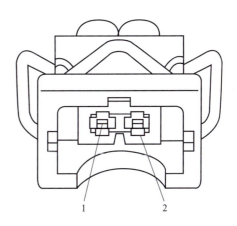

图 5-76　进气温度传感器端子

利用负温度系数热敏电阻的特性，可以对进气温度传感器进行电阻测试、电压测试和数据流测试，以确定进气温度系统工作是否正常。进气温度传感器的阻值可直接用万用表电阻挡进行测试。检测时，断开点火开关，拔下进气歧管压力传感器插头，检测传感器插座上端子"1"与"2"间的电阻值，应当符合规定值。如阻值过大、过小或为无穷大，说明传感器失效，应予更换新品。

检修温度传感器时，可用万用表就车检测传感器的电源电压和信号输出电压，拔下歧管压力传感器插头，接通点火开关，检测传感器 ECU 一侧插头上端子"2"与"1"间的电压应为 5V 左右。插上进气压力传感器插头，接通点火开关，检测传感器 ECU 一侧端子"2"与"1"间的信号电压应为 0.5～3.0V。如电压值不符合规定，说明传感器失效，应予更换。

实施步骤

（1）讲解　由辅导教师结合进气温度传感器实物、教学挂图、丰田 AJR 发动机故障实验台、实车等讲解进气温度传感器的结构与工作原理，检测方法（电阻测试、电压测试、波形测试、数据流测试），工艺流程，技术规范。

（2）演示　由辅导教师演示进气温度传感器实测。

① 用数字式万用表测量在各种温度下的阻值，方法是，取一电吹风，给进气温度传感器进行加热，用万用表电阻挡，测量进气温度传感器电阻值的变化。进气温度传感器电阻值的如下：20℃阻值应为 2.2～2.7kΩ，30℃时应为 1.4～1.9kΩ，40℃时应为 1.1～1.4kΩ。

② 测量发动机线束的电压断开接线，线路侧应为 5V，动态检测应为 0.5～3V 之间

③ 读取测量数据流。读取测量数据流第三组第四项。正常情况下显示正常的进气温度，当显示值为19.5℃不变时，说明线路故障或进气温度传感器故障。

注意事项

① 进气温度传感器要轻拿轻放，避免进气温度传感器掉到地上摔坏。

② 使用电热吹风机注意不要将出风口离进气温度传感器传感头太近，以免烫坏零部件。防止烫伤手指、衣物和其他实验设备。

③ 上实验台测试电压信号时，注意操作流程和相对应的测试端口。原则上只做本次实验相关的测试，其他无关的部位不要测试，否则按原理不清或看不懂电路图扣分。

④ 在实物台架上，测试端口与电控单元直接相连，不要将任何电压加在发动机实验台的测试端口上，以免损坏电控单元。

⑤ 严格按照本书相关要求进行操作。

2. 冷却液温度传感器的检测

任务准备

① 设备：发动机故障实验台，汽车故障诊断中心，进口或国产故障诊断仪。

② 教具：发动机教学挂图一套，冷却液温度传感器解剖教具一只。

③ 工具：数字万用表，汽车示波器，电热壶，普通温度计，变压器。

(1) 安装位置　安装在发动机缸体、缸盖冷却液的通道上。

(2) 功用　检测发动机冷却液温度，并将冷却液温度的信息转变为电信号输入发动机电控单元，电控单元根据该信号对燃油喷射、点火正时、废气再循环、空调、怠速、变速器换挡及离合器锁止、爆燃、冷却风扇等控制进行修正。

(3) 构造　内部是一个半导体热敏电阻，它具有负的温度系数。

(4) 工作原理　冷却液温度传感器是一个负温度系数的热敏电阻，其电阻值根据冷却液的变化而变化。冷却液温度越低，其电阻越高；冷却液温度越高，其电阻越小。电控单元通过内部的电阻器，向发动机冷却液温度传感器提供5V信号电压并对电压进行测量。当发动机冷车时，电压将升高；当发动机热车时电压将降低。电控单元通过测量电压，计算出发动机冷却液温度。

实施步骤

(1) 检测内容　工作电压、信号电压（随温度变化）、电阻（随温度变化）、线束电阻、信号波形，用故障诊断仪、1552诊断仪读取故障代码、测量数据流。

(2) 检测参数的范围

工作电压：5V。

信号电压：0～5V（正常工作温度时为1.5～2.5V）。

电阻变化：70Ω～100kΩ（图5-77）。

有关的故障代码：P0117、P0118、P1114、P1115。

线束电阻：<0.5Ω。

项目五　进气控制系统原理与检修

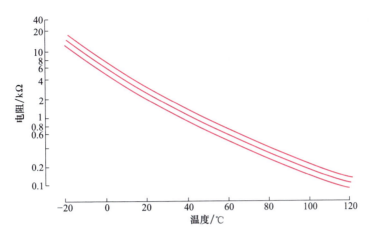

图 5-77　电阻随温度变化曲线

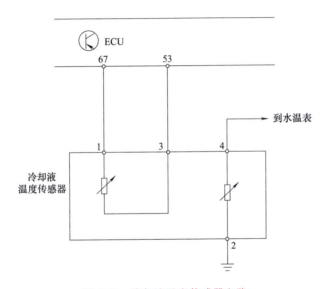

图 5-78　冷却液温度传感器电路

(3) 常见故障症状　当水温传感器本身或线路损坏时，发动机会产生下列故障：发动机热怠速不良；怠速不稳；冷车启动困难；热车冒黑烟；废气排放增加。

(4) 大众桑塔纳 2000 冷却液温度传感器的测试　AJR 型发动机冷却液温度传感器是一个负温度系数的热敏电阻，其连接电路如图 5-78 所示。冷却液温度传感器出现故障，发动机会出现冷车或热车启动困难，油耗增加，排放超标。

发动机怠速工况，进入 08 功能"读测量数据块"，选择 03 显示组检查冷却液温度传感器，如果显示数据不真实，关闭点火开关，检查传感器插头上端子和发动机控制单元线束插头间的线路是否有断路或短路，如果线路正常，更换冷却液温度传感器。

小　结

为了使发动机在一定条件下吸入更多的空气，电控发动机的进气系统引入了较多的控技术，这些控制系统主要包括动力阀控制系统、谐波增压控制系统、可变进气歧管控制系统、可变气门配气相位及升程控制系统和进气增压控制系统等。

复习思考题

一、填空题

1. 在怠速控制系统中 ECU 需要根据_____、_____确认怠速工况。
2. 怠速控制的实质就是对怠速工况下的_____进行控制。
3. 按执行元件的类型不同，旁通空气式怠速控制系统又分为_____、_____、_____及开关型。
4. 步进电动机的工作范围为_____个步进级。
5. 旋转电磁阀控制旁通空气式怠速控制系统的控制内容主要包括_____、_____、_____、_____和学习控制。
6. 占空比控制电磁阀型怠速控制阀的结构主要由_____、_____、_____、_____等组成。
7. VTEC 配气机构与普通配气机构相比，在结构上的主要区别是：_____。
8. 当 ECU 检测到的进气压力高于_____时，废气涡轮增压停止工作。
9. 废气涡轮增压系统的主要部件有_____、_____、_____、_____和_____。
10. 在废气涡轮增压系统中，一般都带有冷却器，作用是_____。

二、判断题

1. 目前汽车上的增压装置多采用动力增压。（   ）
2. 只有在节气门全关、车速为零时，才进行怠速控制。（   ）
3. 二氧化锆氧传感器输出特性是在空燃比 14.7 附近有突变。（   ）
4. 空燃比反馈控制的前提是氧传感器产生正常信号。（   ）
5. ECU 通过控制脉冲信号的占空比来改变旋转电磁阀的开度。（   ）
6. 在谐波增压控制系统中，当气体惯性过后进气门附近被压缩的气体膨胀而流向进气相同的方向。（   ）

项目六

排放控制系统原理与检修

  知识目标 ▶▶▶

1. 了解一氧化碳、碳氢化合物和氮氧化合物形成的机理。
2. 掌握主要排放控制系统结构组成和工作原理。
3. 熟悉三元催化转化器、氧传感器与 ECU 三者协同工作的过程。
4. 了解各种排放控制系统投入工作需要满足的条件。

  能力目标 ▶▶▶

会分析排放控制系统的故障并进行正确排除。

  任务导入 ▶▶▶

客户报修：一辆丰田锐志轿车，装备 2.5L、V6 发动机，A960E，6 速自动变速器，行驶里程 45119km。车辆在正常行驶的过程中，行驶无力，车速上不去，发动机故障指示灯突然点亮。据用户反映，此故障已检修过多次，每次都是清除故障码后，行驶一段时间就再次点亮发动机故障指示灯。

  学习指引 ▶▶▶

故障诊断分析：首先使用丰田专用检测仪进行检测，存在故障码 P0430（二号气缸侧催化系统效率低于限制）。检测三元催化转换器有无效率低下，电控单元 ECM 利用前后氧传感器信号电压值判定三元催化器的状态，如果三元催化器出现任何形式的老化或失效的现象，ECM 就点亮 MIL（故障指示灯）并存储故障码。

  相关知识 ▶▶▶

一、排放控制系统简介

1. 汽车排放物的形成和危害

随着汽车保有量的增加，汽车排放对环境所造成的影响也随之增大。汽车排放物对人类危害最大的是：一氧化碳（CO）、碳氢化合物（HC）和氮氧化物（NO_x）。

（1）**一氧化碳（CO）** CO 是碳氢燃料在空气不足的情况下，由于不完全燃烧而产生的有害物。CO 被人体吸收后，容易与血红蛋白结合，阻碍血红蛋白带氧，会造成人体内缺氧而使人感到头痛、恶心，严重时会会导致人窒息而死。

（2）**碳氢化合物（HC）** HC 是石油产品的基本组成部分，其与氧的化合（燃烧）所释放的热量是发动机运转所需的能量。但排入大气中的 HC 则是一种污染。发动机排气中高含量的 HC 是燃料未经燃烧或燃烧不完全的产物。此外，燃油箱汽油蒸发、曲轴箱气体直接排放等，也是 HC 对大气造成污染的来源。HC 气体在阳光下与氮氧化物 NO_x 作用，进行光化学反应，形成含有臭氧（O_3）、丙烯醛、甲醛、硝酸盐、酮及过氧化酰等物质的光化学烟雾。这种"烟雾"具有较强的氧化力和特殊的气味，对人眼、咽喉等有刺激作用，并容易使橡胶开裂和植物受损等。在诸多的碳氢化合物中，苯并芘还是一种致癌物。

（3）**氮氧化物（NO_x）** NO_x 是在温度很高的情况下氮与氧化合的产物，对大气造成污染的主要是一氧化氮（NO）和二氧化氮（NO_2）。氮氧化物是一种有毒并带有恶臭的气体，会引起人眼结膜、口腔、咽喉黏膜肿胀和充血，并可能导致支气管炎、肺炎等病。

2. 汽车排放控制的作用与分类

（1）**汽车排放控制的作用** 汽车对大气的污染主要源自发动机排出的废气，三种有害排放物中，全部 CO、NO_x 和约占 60% 的 HC 都是由发动机排气管排出的。此外，曲轴箱气体和燃油箱燃油蒸发的 HC 排放各约占汽车 HC 总排放的 20%。对汽车排放的控制，就是通过改善燃烧、降低燃烧温度、阻断曲轴箱气体和燃油蒸发排放、净化排气管废气等手段，使汽车对大气的污染减小到最低的限度，以缓解汽车保有量增加对环境所带来的负面影响、满足人类对环境质量不断提高的要求。

（2）**汽车排放控制的分类**

机内净化：从进气系统入手，通过改善混合气的质量，使燃烧产生的有害成分降低。这一类的排放控制装置有：进气温度自动控制装置、废气再循环控制装置、混合比加浓式减速废气净化装置、进气歧管真空度控制阀等。

机外净化：对发动机排出的废气进行再净化处理，将废气中所含的 CO、HC 和 NO_x 等有害气体转化为无害的水（H_2O）、二氧化碳（CO_2）和氮（N_2）等气体。这一类的排放控制装置有：热反应器、氧化催化剂转换器、三元催化转换器、二次空气供给装置等。目前广泛使用的发动机废气净化装置是三元催化转换器。

污染源封闭循环净化：对曲轴箱气体及燃油箱燃油蒸发等 HC 排放源实施封闭化处理，以阻断向空气排放 HC。这类控制装置有：曲轴箱强制通风装置、活性炭罐等。

三元催化转换器

二、三元催化转换器、氧传感器与闭环控制

1. 三元催化转换器

催化转换器是利用催化剂的作用，使排气中的有害成分 CO、HC 和 NO_x 尽量进行化学反应转化为对人体无害的 CO_2、H_2O 和 N_2 的一种排气净化装置，也称为催化转换净化器。

三元催化转换器可同时减少 CO、HC 和 NO_x 的排放，它以排气中的 CO 和 HC 作为还原剂，把 NO_x 还原为氮和氧，而 CO 和 HC 在还原反应中被氧化为 CO_2 和 H_2O。使用三元催化转换器时，必须把可燃混合气空燃比控制在理论值（约 14.7）附近，

才能高效净化 CO、HC 和 NO_x。

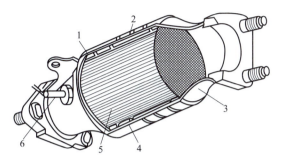

图 6-1 催化转换器

1—支承环；2—波纹网眼环；3—支承环；4—密封垫；5—整体式催化反应器载体；6—温度传感器

催化转换器（如图 6-1 所示）的外形如大型消声器，用耐高温耐腐蚀的不锈钢制成，安装在消声器之前。现在车辆使用的三元催化转换器分为两种，一种是金属载体的，一种是稀土陶瓷载体的，载体形状是蜂窝状，现在主要使用的是 400 目的载体。催化剂涂层主要为 Pt（铂）、Rh（铑）、Pd（钯）和助催化剂 CeO_2（二氧化铈）、氧化催化剂 $\gamma\text{-}Al_2O_3$（三氧化二铝）组成，涂在载体的通气的细小管路的内壁上。催化剂表面积很大，每克表面积可达 $150\sim300m^2$ 左右。催化转换器的结构应保证废气通过时和催化剂均匀接触。

催化转换器的使用条件相当严格。首先，装用催化转换器的发动机只能使用无铅汽油。如果使用有铅汽油，铅覆盖在催化剂表面将使催化剂"铅中毒"失效。其次，仅当温度超过 $250\sim350$℃时，催化转换器才起催化反应。温度较低时，转换器的转化效率急剧下降。因此，催化转换器都安装在温度较高的排气管中上游。第三，催化剂与载体的容积必须与发动机的排气量相匹配，具有足够的强度和抗热冲击性，才能保证对 CO、HC 和 NO_x 的净化效率高。第四，催化转换器必须配有温度控制装置或旁通管道，避免载体烧毁堵塞排气管道。

另外，因三元催化转换器固定不牢或汽车在不平路面上行驶时的颠簸，容易导致转换器中的催化剂载体损坏。装用蜂巢型转换器的汽车，一般汽车每行驶 8 万公里应更换转换器芯体；装用颗粒型转换器的汽车，其颗粒型催化剂的重量低于规定值时，应全部更换。

2. 氧传感器

其功用是通过监测排气中氧离子的含量来获得混合气的空燃比信号，并将该信号转变为电信号输入 ECU。ECU 根据氧传感器信号，对喷油时间进行修正，实现空燃比反馈控制（闭环控制），从而将过量空气系数控制在 $0.98\sim1.02$ 的范围内（空燃比 A/F 约为 14.7），使发动机工作在三元催化转换器净化效果最好的环境下，以达到降低有害气体的排放量和节约燃油的目的。汽车发动机燃油喷射系统中采用比较广泛的氧传感器主要有氧化锆氧传感器和氧化钛氧传感器两种类型。

氧传感器

（1）氧化锆氧传感器 氧化锆氧传感器的主要元件是氧化锆（氧化锆固体电解质）烧结的多孔性试管状陶瓷体，也称锆管。氧化锆氧传感器的基本结构如图 6-2 所示。

锆管 2 固定在带有安装螺纹的传感器体中，锆管的内外表面都镀覆一层多孔铂膜作为电极，通过导线将信号引出。锆管内腔通过金属护套上的小孔与大气相通，外表面通过防护套管 8 上开有的槽口与排气管中的废气相接触，为了防止废气对铂膜的腐蚀，在锆管外表面的铂膜上还覆盖一层多孔性陶瓷层。

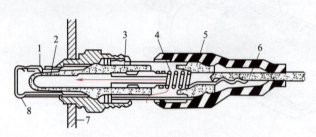

图6-2 氧化锆氧传感器结构

1—废气；2—锆管；3—电极；4—弹簧；
5—线头绝缘支架；6—导线；
7—排气管管壁；8—防护套管

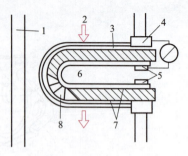

图6-3 氧传感器工作原理

1—排气管；2—尾气；3—多孔性陶瓷层；
4,5—电极引线点；6—大气；
7—铂电极；8—陶瓷体

由于锆管陶瓷体具有多孔性的特点，因此内腔大气中的氧能够渗入固体电解质内。当温度较高时，氧气将发生电离。若锆管内腔（大气）和锆管外侧（废气）两侧氧的含量不一致，即存在氧的浓度差时，固体电解质内的氧离子将从锆管的内腔向锆管的外表面扩散，此时锆管相当于一个微电池，在锆管两侧的铂电极之间产生电压，如图6-3所示。

铂电极之间的电压与两侧氧的浓度差有关，当混合气偏稀时，排气中氧的浓度较高，锆管内外两侧氧的浓度差小，两电极之间的电压很低，输出电压几乎为零。当混合气偏浓时，排气中氧的含量较低，同时也包含较多不完全燃烧的产物（如CO、HC等）。

这些不完全燃烧的产物在锆管外表面铂的催化作用下与废气中残余的低浓度氧产生氧化反应（如$2CO+O_2 \rightarrow 2CO_2$），使废气中残余的氧几乎被消耗殆尽，在锆管的外表面处氧的浓度几乎为零，这时锆管内外两侧氧的浓度差达到最大，在两电极间产生接近1V的最大输出电压。

氧化锆氧传感器在空燃比14.7∶1附近的变化非常敏感，在混合气由浓到稀或由稀到浓的变化过程中，与混合气浓度对应的输出电压在$A/F=14.7$附近产生阶跃式的高低电压突变（如图6-4所示）。这种类似于一个氧浓度开关的输出特性，对于单一空燃比目标值控制是十分有利的。汽油机运转时，对应的实际空燃比相对理论的空燃比上下偏离，氧传感器输出电平高低和宽度对应变化的电压脉冲信号，如图6-5所示。在需要进行空燃比反馈控制（即闭环控制）的运行工况，ECU根据氧传感器的输入信号修正喷油量，把实际空燃比精确地控制在理论空燃比附近。

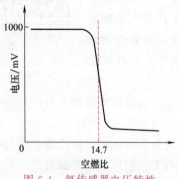

图6-4 氧传感器电压特性

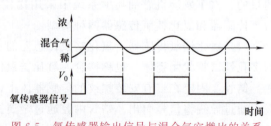

图6-5 氧传感器输出信号与混合气空燃比的关系

氧化锆氧传感器是一种高温型传感器，正常工作温度为600～800℃，因此氧传感器一般布置在排气总管上或排气总管出口附近，利用废气的热量加热传感器，使其达到正常工作所需的温度。这种布置方式尽管具有结构简单、控制方便的特点，但是也存在传感器布置的灵活性较差，排气的极端高温可能造成传感器损坏的不足。为此，有些电控汽油机采用加热式氧化锆氧传感器，这种传感器的基本结构是在普通氧化锆氧传感器锆管内增加了一个陶瓷加热元件，如图6-6所示。由于加热式氧化锆氧传感器所需的工作温度由

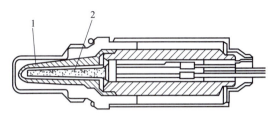

图6-6 加热式氧化锆氧传感器结构
1—锆管；2—陶瓷加热元件

陶瓷加热元件保证，这样不仅改善了传感器安装的灵活性，避免了排气极端高温对传感器的损伤，而且也有利于扩大闭环控制的工况范围。加热式氧化锆氧传感器一般布置在三元催化转换器上游，靠近三元催化转换器的适当位置。

（2）氧化钛型氧传感器 氧化钛型氧传感器由二氧化钛制成，二氧化钛中氧分子比较活泼，在周围环境氧的浓度发生变化时，二氧化钛将发生氧化或还原反应，同时材料的电阻值也随之发生变化，所以氧化钛氧传感器也称为电阻型氧传感器。在大气环境条件下，二氧化钛的电阻很大，但当排气中氧的浓度减小时（即混合气稍浓时），二氧化钛中氧分子发生脱离，使晶体出现空穴，材料中的自由电子增加，使材料的电阻值迅速减小。反之，若混合气稍稀，即由于排气中氧的浓度增加，电阻迅速恢复至原来的值，氧化钛型氧传感器的电阻特性如图6-7所示，氧化钛型氧传感器的工作温度为300～900℃，在这一温度范围内二氧化钛的电阻对氧的浓度变化非常敏感，同时工作温度的变化对它的电阻也有一定的影响。

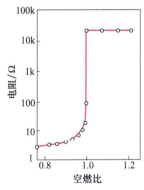

图6-7 氧化钛型氧传感器
空燃比-电阻特性

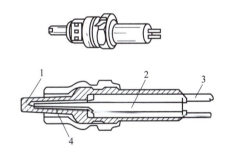

图6-8 氧化钛型氧传感器
1—二氧化钛陶瓷；2—陶瓷绝缘体；3—电极；4—铂线

为了提高氧化钛型氧传感器的检测精度，一般采用加热式，以保证其工作温度恒定，对于非加热式氧化钛型氧传感器，则必须采取温度补偿措施。

非加热式氧化钛型氧传感器的基本结构如图6-8所示。它由检测排气中氧含量的球状多孔性二氧化钛陶瓷1、陶瓷绝缘体2、电极3、铂线4及开有孔槽的金属防护套等组成。非加热式氧化钛型氧传感器一般安装在总管上或排气总管出口附近，利用排气中的高温使传感器在所需的工作温度范围内工作，加热式氧化钛氧传感器布置比较自由，一般安装在三元催化转换器上游附近。

与氧化锆氧传感器相比，氧化钛型氧传感器具有结构简单、体积小、价格便宜、抗腐蚀、抗污染能力强、经久耐用、可靠性高等优点。但也存在温度对传感器电阻影响较大，需采用内装式加热元件或采取温度补偿等措施。

氧化钛型氧传感器在空燃比反馈控制系统中的作用与氧化锆氧传感器相同。它们工作原理上的差异主要在于：氧化钛氧传感器将废气中氧的浓度变化转换成传感器电阻的变化，然后送入检测电路。

氧传感器在使用中出现故障检修时，对加热型氧传感器加热器的检查应测量其电阻，如丰田凌志 LS400 轿车氧传感器加热器，在 20℃ 时电阻值应为 5.1～6.3Ω，若不符合规定，应更换氧传感器。对氧传感器信号检查时，应连接好氧传感器线束连接器，使发动机以较高的转速运转，直到氧传感器工作温度达到 400℃ 以上时再维持怠速运转，然后反复踩动加速踏板，并测量氧传感器输出信号电压，加速时应输出高电压信号（0.75～0.90V），减速时应输出低电压信号（0.10～0.40V）。若不符合上诉要求，应更换氧传感器。

空燃比反馈控制

另外用氧传感器的颜色可以判断其性能：淡灰色，属氧传感器的正常颜色；白色，是因硅污染造成的，必须更换氧传感器；棕色，是因铅污染造成的；黑色，是因积炭造成，一般在排除发动机积炭故障后，可以自动清除氧传感器上的积炭。

3. 闭环控制

为了满足越来越严格的排放法规的要求，最有效的方法是利用三元催化转换器对排气的净化，现代电控汽油机在绝大部分运行工况下对空燃比都实行闭环控制。空燃比反馈控制系统的构成原理如图 6-9 所示。

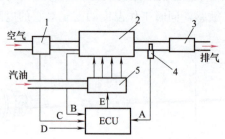

图 6-9　空燃比反馈控制系统工作原理

A—氧传感器反馈信号；B—转速信号；C—空气流量计信号；D—水温传感器信号；E—喷油量控制信号；
1—空气流量计；2—发动机；3—三元催化转换器；4—氧传感器；5—喷油器

在空燃比反馈控制过程中，空燃比、氧传感器输出的电压信号和空燃比反馈控制信号三者之间的变化关系如图 6-10 所示。假定开始时混合气的实际空燃比略小于 14.7，此时氧传感器输出高电平信号，ECU 根据氧传感器的高电平信号，对基本喷油持续时间进行减量修正，即实际喷油持续时间缩短，喷油量减少，修正过程按先快后缓的方式进行，如图 6-10 所示。由于喷油量持续减少，混合气逐渐变稀，当混合气的实际空燃比略大于 14.7 时，氧传感器的输出信号从高电平阶跃到低电平，ECU 根据氧传感器的低电平信号，对基本喷油时间进行增量修正，修正

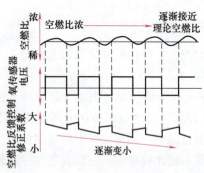

图 6-10　空燃比控制过程

过程仍按先快后缓方式进行。由于喷油量持续增加，混合气又逐渐由稀变浓，一旦空燃比小于 14.7，氧传感器的输出信号将从低电平阶跃到高电平，然后 ECU 根据氧传感器的高电平信号，重复前面的由浓到稀的修正过程如此反复循环，最终使混合气的实际空燃比始终稳定在理论空燃比附近。从整个修正过程看，当实际混合气偏浓时，由于空燃比偏浓的时间比空燃比偏稀的时间长，故氧传感器输出高电位时间也相对较长。

当电控系统对混合气空燃比实行反馈控制时，实际混合气的浓度基本上在理论空燃比附近变动，但理论空燃比对发动机有些工况并不适宜，如发动机的启动工况、暖机工况等。为了使发动机正常启动或暖机，需要较浓的混合气，此时电控系统对空燃比实行开环控制，向发动机提供偏浓的混合气。又如发动机在大负荷或高转速工况时，需要较浓的功率混合气浓度，此时电控系统也将实行开环控制，向发动机提供具有功率混合气浓度的混合气，以满足汽车对发动机动力的要求。根据发动机各运行工况对混合气浓度的要求，电控系统将对空燃比实行开环控制的工况有：发动机启动工况，冷启动后及暖机工况的前期，大负荷、高转速工况及加速工况等。另外，如果由于发动机原因或氧传感器的原因，造成氧传感器的输出电压持续处于低电平（如持续时间超过 10s 以上），或者氧传感器的输出电压持续处于高电平（如持续时间超过 4s 以上），则 ECU 将自动停止空燃比反馈控制，发动机将在空燃比开环控制状态运行。当氧传感器的工作温度小于 300℃ 时，氧传感器不能正常工作，电控系统也只能实行开环控制。

三、废气再循环控制系统的结构、原理及检修

废气再循环（EGR）是将 5%~20% 的废气再引入进气管，与新鲜混合气一起进入燃烧室，使最高燃烧温度降低，从而减少 NO_x 生成量。但废气再循环也会使发动机的功率下降，怠速、低速等工况运转不稳，为此，需要由电控单元根据发动机的工况控制废气再循环系统的工作。

废气再循环

1. 系统结构

废气再循环控制系统的结构如图 6-11 所示。主要由废气再循环控制阀（EGR 阀）、EGR 电磁阀以及 ECU 组成。该系统能根据汽车的行驶工况适当控制回流到新鲜混合气中的废气量，既能保证发动机的功率输出，又降低 NO_x 的排放量。

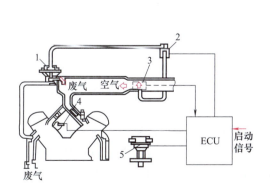

图 6-11 废气再循环控制系统

1—EGR 阀；2—EGR 电磁阀；3—节气门；
4—水温传感器；5—曲轴转角传感器

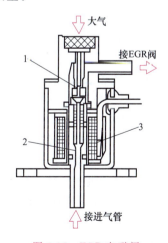

图 6-12 EGR 电磁阀

1—空气通道；2—阀体；3—电磁阀线圈

2. 工作原理

EGR 阀 1 膜片下部通大气，装有弹簧的另一边为真空室，其真空度由 EGR 电磁阀 2 控制，增大真空室的真空度，使膜片克服弹簧力上拱，阀的开度增大，废气再循环量增大；当上部失去真空度时，膜片在弹簧力的作用下向下拱而使阀关闭，阻止废气再循环。

EGR 电磁阀有三个通气孔（如图 6-12 所示）。不通电时，弹簧将阀体 2 向上压紧，通大气阀口被关闭，这时 EGR 电磁阀使进气管与 EGR 阀真空室相通；当 EGR 电磁阀线圈通电时，产生的电磁力使阀体下移，阀体下端将通进气管的真空通道关闭，而上端的通大气阀口打开，于是，就使 EGR 阀的真空室与大气相通。

ECU 根据各有关传感器的信号确定废气再循环流量后，通过输出相应的占空比脉冲信号，控制 EGR 电磁阀在相应的占空比下工作，将 EGR 阀的真空室的压力调节在相应的值，使 EGR 阀有相应的开度。

当需要增大废气再循环流量时，ECU 输出的占空比减小，EGR 电磁阀相对的通电时间减小，EGR 阀真空室通进气管的相对时间增大，其真空度增大而使阀开度增大，使废气再循环流量相应的增加。当 ECU 输出占空比为 0 的信号（持续低电平）时，EGR 电磁阀断电，这时，EGR 电磁阀真空室与进气管持续相通，其真空度达到最大（取决于进气管的真空度），阀的开度最大，废气再循环流量也达到最大。

当不需要废气再循环时，ECU 输出占空比为 100% 的信号（持续高电平），使 EGR 电磁阀通电，EGR 阀真空室与大气长通，EGR 阀关闭，阻断了废气再循环。日产 VG30E 发动机废气再循环由微电脑集中控制系统装置根据发动机工况控制 EGR 电磁阀的工作。表 6-1 给出了各种工况下 EGR 阀的工作情况。

表 6-1　日产 VG30E 发动机 EGR 阀各种工况下的状态

发动机工况	EGR 阀	废气再循环系统
发动机启动时	ON(电磁阀通电)	不起作用
发动机温度较低时		
发动机转速低于 900r/min 时		
发动机转速高于 3200r/min 时		
节气门开关"接通"时		
除以上情况外	OFF(电磁阀断电)	起作用

3. 系统检修

检查废气再循环系统的工作情况，具体操作步骤如下。

① 在冷态下启动发动机并使之怠速运转。可用手摸 EGR 阀，应感觉不到其动作（即不开启）。此时，若踩下加速踏板，使发动机在中等负荷下（节气门开度为 60%～70% 时）运转，EGR 阀也应无动作（不开启）。

② 启动发动机并使其冷却水温度达到正常值，然后踩下加速踏板，使发动机在中等负荷下运转，这时应能感觉到 EGR 阀膜片的动作，即阀门打开，废气开始再循环。若上述检查结果不符合要求，则应检查废气再循环系统的真空管路有无破裂、泄漏之处。若真空管路完好，则应检查 EGR 阀与 EGR 电磁阀等有无故障。

③ 检查 EGR 阀。使发动机怠速运转，拔下 EGR 阀上的真空管，用手动真空泵对 EGR 阀施加 19.95kPa（因车型而异）的真空度。此时，若发动机的转速明显降低甚至熄火，说

明 EGR 阀工作正常。反之，若发动机转速无变化，说明 EGR 阀损坏，应更换。

四、汽油蒸汽排放(EVAP)控制系统的结构、原理及检修

汽油蒸气排放控制系统的功能是将燃油箱内蒸发的汽油蒸汽收集和存储在活性炭罐内，在发动机工作适当的时机再将其送入气缸燃烧。

活性炭罐

1. 系统结构

汽油蒸气排放控制系统的结构如图 6-13 所示。

2. 工作原理

炭罐内填满活性炭，燃油箱中的汽油蒸气经油气分离器和汽油蒸气管进入炭罐。汽油蒸气进入炭罐后，被其中的活性炭吸附。当发动机启动后，进气管真空度经真空软管传送到真空电磁阀，再传送到真空控制阀。在进气管真空度的作用下，真空控制阀膜片上移并将阀孔开启。与此同时，新鲜空气自活性炭罐经滤网向上流过炭罐，并携带吸附在活性炭表面的汽油蒸气，经阀孔和汽油蒸汽管进入进气管最终烧掉。

炭罐外壳一般由塑料制造，内填活性炭颗粒。炭罐顶部有真空阀，用来控制进入进气管的汽油蒸汽及空气的量。发动机怠速时，传送到真空阀膜片室的真空度很小，致使阀孔关闭，以免破坏怠速时混合气的空燃比。发动机在大负荷或高转速工作时，作用在真空阀膜片上的真空度增大，阀全开，大量的汽油蒸汽及空气同时流入进气管。

油气分离器用来分离液体汽油和汽油蒸汽，以防止液体汽油流入炭罐，分离器安装在燃油箱顶部，主要由一组出口朝上的管子组成，其中三根通气管分别在燃油箱的中央和两侧。这样，无论汽车如何倾斜，至少会有一根通气管高于汽油液面，使汽油蒸汽得以经汽油蒸汽管进入炭罐。分离出来的液态汽油从回油管返回燃油箱。

3. 系统检修

具体操作步骤如下。

① 检查油管及连接处有无松动现象。

② 检查油箱盖垫圈及阀门有无损坏现象。

③ 检查活性炭罐外表有无损坏（开裂现象）。如图 6.14 所示的方法吹入压缩空气后，压缩空气应能从图中箭头所示方向流出。

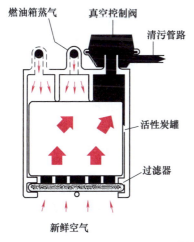

图 6-13 汽油蒸气排放控制系统的结构

图 6-14 检查活性炭罐

④ 活性炭罐中过滤片的清洁。用手指堵住管口，将压缩空气从管口 A 吹入即可，如图 6-14 所示，且不可用水清洗活性炭罐。

五、二次空气喷射（AI）系统

1. 系统简介

自从世界上第一个车辆排气污染控制标准实施以来，二次空气喷射系统已经被广泛地应用在汽车上，它实际上就是一种尾气排放控制实用技术，用以减少排气中的 HC 和 CO 的排放量。而且实践也已证明，空气喷射系统在汽、柴油汽车上都能取得良好的效果。它的工作原理是空气泵将新鲜空气送入发动机排气管内，从而使排气中的 HC 和 CO 进一步氧化和燃烧，即把导入的空气中的氧在排气管内与排气中的 HC 和 CO 进一步化合形成水蒸气和二氧化碳，从而降低了排气中的 HC 和 CO 的排放量。

2. 系统分类及工作原理

按其空气喷入的部位可分为两类：

第一类，新鲜空气被喷入排气歧管的基部，即排气歧管与气缸体相连接的部位，因此，排气中的 HC、CO 只能从排气歧管开始被氧化；

第二类，新鲜空气通过气缸盖上的专设管道喷入排气门后气缸盖内的排气通道内，排气中 HC、CO 的氧化更早进行。

二次空气喷射系统按照结构和工作原理的不同可以分为空气泵型和吸气器型两种结构类型。

二次空气喷射系统

（1）空气泵型二次空气喷射系统　空气泵型二次空气喷射系统主要由空气泵、分流阀、连接管道、空气喷射歧管等组成。工作原理是：当发动机工作时，通过曲轴传动带带动空气泵运转，泵送量大而压力较低的空气流通过软管进入分流阀。正常情况下，分流阀上阀门开启，空气流经分流阀、单向阀进入空气喷射歧管。空气喷射歧管将空气流喷入发动机排气孔或排气歧管，与排气中的 HC、CO 反应，使其进一步转化成 CO_2 和水蒸气，以减少排气污染。一旦空气泵泵送的空气压力太高，释压阀起作用，瞬间切断向空气喷射歧管供应的空气，防止发动机产生回火，经过几秒后，双向作用阀下落，又恢复向空气喷射歧管供应空气，二次空气喷射系统正常工作。

① 空气泵　空气泵装在发动机前端，由一个离心式空气滤清器和一个叶片泵组成。空气泵由发动机曲轴带轮经传动带驱动，向喷射系统供应量大而压力低的空气。

离心式空气滤清器装在泵的转子轴的一端与泵以同转速转动。离心式空气滤清器的作用是清洁进入空气泵的空气。离心式空气滤清器的滤清原理是，当叶轮高速转动时，空气中的尘粒与空气相比，质量较大，在离心力的作用下从进入到空气泵里的空气流中分离出去。

② 分流阀　分流阀常作为一个单独的总成用螺栓装在空气泵上，而管路则用软管与空气泵和空气喷射歧管相连。设置分流阀的目的是当发动机突然减速时，防止排气系统"回火"到空气泵。

当节气门突然关闭、发动机突然减速时，会在进气管里产生很高的真空度，从而导致进入气缸的可燃混合气变得太浓，在做功行程里无法完全燃烧。排气时，就有较多的没有充分燃烧的混合气经排气门排往排气管。如果在这时，二次空气喷射系统把新鲜空气喷入排气歧管或喷入近排气门的排气孔，则新鲜空气便加剧了未充分燃烧的混合气在排气管内的燃烧，从而产生"回火"。而设置分流阀的作用在于发动机突然减速的最初时间里,瞬间把空气泵送来的空气排入大气,使新鲜空气不能喷入排气管,从而防止了"回火"的发生。

当节气门开度突然减小、发动机突然减速时,在进气管产生了较大的真空度,该真空度通过管道传到分流阀膜片表面,在该真空度的作用下,膜片克服弹簧力向上运动,带动双向作用阀的下阀打开了下阀口,经下阀口与释气孔(由消声材料制作)相通,使从空气泵来的空气流无声地瞬间排往大气。但是,空气泵来的空气流被分流阀排往大气的时间仅仅能进行一瞬间,其原因是在膜片上加工有孔板流量孔,该孔能很快平衡膜片两边的气压。因此在弹簧力的作用下,膜片和双向作用阀在几秒内又回到下面位置。双向作用阀又关闭了下阀口,空气泵便又开始向排气歧管或排气门区供应新鲜空气。

③ 释压阀(限压阀) 主要由阀体、弹簧、阀门和阀座等组成,其作用是当发动机高速运转,空气泵泵送的空气流气压超过释压阀弹簧预调弹力时,空气压力克服弹簧弹力,促使阀门离开阀座,压力过大的空气则通过阀门与阀座间的通道经释气孔排入大气,从而使进入空气喷射歧管的空气压力基本上保持恒定;当空气泵送来的空气压力低于弹簧预调弹力时,弹簧压阀门回位,从而切断了排往大气的通路。由此可见,释压阀弹簧的预调弹力决定了各种工况下,空气泵泵送到整个二次空气喷射系统的空气压力。

④ 单向阀 单向阀装在空气喷射管上。它允许从空气泵来的具有一定压力的空气进入空气喷射歧管,而防止高温的发动机废气进入连接软管和空气泵。也就是说,若空气泵皮带断裂或传动打滑等原因造成空气泵停转或转速下降,空气连接软管漏气等不能向喷射系统正常供应空气时,单向阀可以保护二次空气喷射系统免受高温的废气损害。

⑤ 空气喷射歧管 空气喷射歧管通常是由不锈钢管焊接而成,其形状和分支数目由发动机的结构和气缸数目而定。空气喷射歧管的作用是把空气泵泵送的新鲜空气分别喷射进发动机排气门附近的排气孔里或喷入排气歧管。

(2) 脉冲型二次空气喷射系统 脉冲型二次空气喷射系统也称吸气器型二次空气喷射系统。该系统不是应用空气泵泵送空气进入喷射歧管,而是应用排气压力的脉冲将新鲜空气吸入排气系统。研究发现,每次排气门关闭时,都会有这么一个很短的时间周期,在该时间周期内,排气孔和排气歧管内的气压都低于大气压力,也就是说产生了一个负压(真空)脉冲。利用这个真空脉冲,经空气滤清器吸入一定量空气进入排气歧管,用这部分空气中的氧去氧化排气中的 HC 和 CO。如果该车还装有催化式排气净化器,也可以用这部分空气去供应催化式排气净化器对氧的需要。这就是脉冲型或称吸气器型二次空气喷射系统的工作原理。

常见的脉冲型二次空气喷射系统由钢管、单向吸气器、软管等组成。钢管的一端接吸气器,另一端用连接盘与发动机排气歧管相连通,把经空气滤清器、软管、吸气器的新鲜空气导入排气歧管。

吸气器实际上是一个单向阀,它允许从空气滤清器来的空气经钢管流向排气歧管,并防止排气歧管中的废气经钢管回流到空气滤清器。

装有脉冲型二次喷射系统的发动机在怠速或低速运转时,由于排气歧管内的负压脉冲使吸气器阀门开启。也就是说,在这种工况下,排气阀门每关闭一次,在排气歧管内则出现一次负压脉冲,吸气器的单向阀就开启一次,阀门开启,在外界大气压力的作用下,新鲜空气经空气滤清器、软管、吸气器、钢管进入排气歧管,去进一步氧化排气中的 HC、CO,减少排气污染。当发动机高速运转时,由于排气门的关闭频繁,每次的负压脉冲周期特别短,由于惯性作用，吸气器的单向阀不可能开启，因此，吸气器的单向阀门实际是关闭的，此时它只起到一个阻止废气排入空气滤清器的截止阀的作用。也就是说，在发动机高速运转时，脉冲型二次空气喷射系统实际上是停止工作的。

（3）电控空气泵型二次空气喷射系统　系统中的空气由电控单元根据输入信号通过控制相关电磁阀引往空气滤清器、排气管及催化式排气净化器中。该系统有两套主控电磁阀，第一套电磁阀为分流阀，用于将空气送往空气滤清器；第二套电磁阀为开关电磁阀，用于将空气送往排气管或催化式排气净化器。该系统有以下几种工作方式。

① 在发动机冷态和开环状态工作时，由于催化式排气净化器不够热，不能使用额外空气，因此电控单元控制分流电磁阀和开关电磁阀，使空气经分流电磁阀被送往开关电磁阀，而开关电磁阀将空气引向排气管。

② 发动机在正常工作或闭环状态工作时，电控单元控制分流电磁阀和开关电磁阀，使空气经分流电磁阀被送往开关电磁阀，再由开关电磁阀将空气送往催化式排气净化器中的氧化剂与还原剂之间，从而提高氧化剂的工作效率。

③ 当催化净化器过热时，加入的空气对催化式排气净化器中的催化剂会造成污染，在这种情况下，电控单元控制分流电磁阀，将空气送往空气滤清器。

（4）电控脉冲型二次空气喷射系统　系统由电控单元控制电磁阀的打开及关闭，电磁阀与单向阀（也称检查阀）相连，由于排气中的压力是正负交替的脉冲压力波，当排气压力为负时，来自空气滤清器的空气进入排气管；当压力为正时，单向阀关闭，空气不能返回。

二次空气喷射系统也常被称为补燃系统或后燃系统。其原因是可燃混合气在气缸内进行第一次燃烧后，其中那些未完全燃烧的部分由于人为地引入新鲜空气而使其在排气过程中进行了补燃，因而经消声器排入大气中的尾气很少有或者完全没有火星。而排气内有火星是在有可燃气体存在的情况下引发火灾的一大原因。因此，二次空气喷射系统也是防止内燃机尾气引起火灾的一项重要技术和设施。除了在轿车上应用外，它还广泛应用于安全性能要求更高的内燃机车和专用汽车，如液化气运输车、轻油运输车、机场加油车等。

六、排放控制系统的常见故障现象及原因分析

1. 怠速不稳

（1）故障现象　汽车在发动机怠速运转过程中，出现发动机发抖的情况。

（2）故障原因

① EGR 系统出现了故障。

② PCV 系统出现了故障。

③ 发动机相关软管连接不良。

④ 怠速控制系统有故障。

2. 发动机暖机时频繁失速

（1）故障现象　汽车行驶过程中没有太大的问题，在汽车启动暖机过程中，转速有频繁的变化现象，有时候会造成熄火。

（2）故障原因

① EGR 系统出现了故障。

② 燃油压力调节器出现了故障。
③ 喷油器出现了故障。
④ 怠速控制阀出现了故障。

3．发动机运转不平稳或失火

（1）故障现象　发动机在运转过程中有不稳定的情况，有时候出现失火现象，或在汽车运行过程中，转速有突然归零又恢复的现象。

（2）故障原因

① EGR 系统出现了故障。
② PCV 系统出现了故障。
③ 喷油器有故障。
④ 燃油压力调节器有故障。
⑤ 个别气缸中的火花塞出现了问题。

4．废气排放超标

（1）故障现象　经尾气检查发现汽车排放量已经超过了国家规定的标准，不能通过年检。

（2）故障原因

① 催化转换器性能不良或出现了故障。
② 燃油蒸发控制系统出现了故障。
③ EGR 系统出现了故障。
④ 歧管绝对压力传感器出现了故障。
⑤ 热氧传感器出现了故障。

5．汽车动力不足

（1）故障现象　汽车在运行过程中，加速不是非常有力，在爬坡的时候明显感觉到动力不足。

（2）故障原因

① 三元催化转换器出现了故障。
② EGR 系统出现了故障。
③ 节气门体有故障。
④ 燃油供给系统有故障。
⑤ 可变配气机构有故障。
⑥ 歧管绝对压力传感器有故障。

6．汽车油耗增加

（1）故障现象　汽车运行工况变化不大，但是油耗出现了偏高的现象。

（2）故障原因

① 氧传感器出现了故障。
② 空气流量传感器有故障。
③ 燃油压力过高。
④ 气缸压缩压力下降。
⑤ 汽车底盘性能不良。

任务实施

任务 1　氧传感器及三元催化转换器的检测

1. 二氧化钛式氧传感器的检测

（1）二氧化钛式氧传感器的工作原理　当废气中的氧离子浓度较大，二氧化钛呈现高阻状态；反之，当废气中的氧离子浓度较低时，二氧化钛的电阻值减小。而且，二氧化钛式氧传感器的电阻将在混合气空燃比约为14.7（过量空气系数λ约为1）时产生突变。利用此工作特性，加上适当的工作电路对电阻变量进行处理，就可以转换成电压信号输送给ECU。

如图6-15所示为二氧化钛式氧传感器的工作电路。

氧传感器
电压波形

（2）检测方法

① 外观颜色检查。

② 加热器电阻检测。

③ 反馈电压的检测。

④ 输出信号波形的检测（见图6-16）。

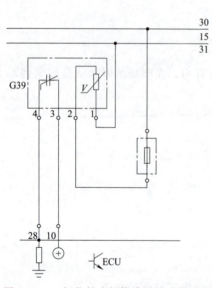

图6-15　二氧化钛式氧传感器的工作电路　　图6-16　二氧化钛式氧传感器的波形

（3）二氧化钛式氧传感器的常见故障

① 铅中毒。

② 积炭。

③ 氧传感器内部断路。

④ 陶瓷元件破损。

⑤ 加热电阻丝烧断。
⑥ 连接控制线路接触不良。

二氧化钛式氧传感器的故障会使电控燃油喷射系统 ECU 不能得到排气管中氧浓度的信息、不能对空燃比进行反馈控制，会使发动机油耗和排气污染增加，发动机出现怠速不稳、缺火、抖动等现象。

2．二氧化锆式氧传感器的检测

（1）二氧化锆式氧传感器的工作电路　二氧化锆式氧传感器产生电压也是在理论空燃比附近时发生突变。稀混合气时，其输出电压接近 0 V；浓混合气时，其输出电压接近 1 V。其控制电路与二氧化钛式氧传感器不同。

（2）二氧化锆式氧传感器的检测

① 加热电阻的检测。
② 反馈电压的检测。
③ 工作性能的测试。
④ 输出信号波形的检测（如图 6-17 所示）。

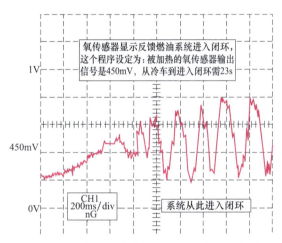

图 6-17　二氧化锆式氧传感器的输出信号波形

注意：二氧化锆式氧传感器的常见故障同二氧化钛式氧传感器。

3．三元催化转换器的检测

（1）三元催化转换器的检测条件

① 脱开三元催化转换器进气口。
② 使发动机运转至正常工作温度。
③ 在发动机怠速运转时将汽车废气分析仪的探测管伸入排气管内至少 40mm，等待 1min 以上，待汽车废气分析仪上的 CO_2、O_2 和 CO 读数稳定后再读取。
④ 当混合气浓度合适后，装复三元催化转换器进气口，在发动机温度正常时方可检测三元催化转换器。

注意：该项测试应该在 3min 内完成！

有些车辆的三元催化转换器与排气系统是做成一体的，很难拆卸。如果是这样，可以采用直接检测其进出口的温度或检测氧传感器的波形，以对其性能进行判断。

（2）三元催化转换器性能的检测

① 怠速试验法。
② 稳定工况试验法。
③ 使用红外线温度检测仪进行检测，当入口温度与出口温度在正常温差范围内时，说明三元催化转换器性能良好。

(3) 三元催化装置堵塞的检测
① 进气歧管真空度检测方法。
② 排气背压检测方法。

(4) 三元催化转换器的常见故障　三元催化装置的常见故障有：三元催化装置催化性能恶化；三元催化装置堵塞后排气不畅，产生过高的排气背压，使废气倒流到发动机内，从而使发动机进气不顺畅。

任务 2　排放控制系统的故障诊断

1. 汽车油耗偏高

(1) 故障现象　一辆装备 5S EF 发动机的丰田凯美瑞轿车，发动机怠速不稳，经常熄火。同时，车主反映最近汽车油耗偏高。

(2) 故障分析诊断与排除

① 维修前四气分析仪检测结果（如表 6-2 所示，其中 λ 表示过量空气系数）。

表 6-2　维修前四气分析仪检测结果

$HC/10^{-6}$%	CO/%	CO_2/%	O_2/%	转速/(r/min)	温度/℃	λ
256	0.46	14.6	2.56	870	82	1.12

② 维修后四气分析仪检测结果（如表 6-3 所示，其中 λ 表示过量空气系数）。

表 6-3　维修后四气分析仪检测结果

$HC/10^{-6}$%	CO/%	CO_2/%	O_2/%	转速/(r/min)	温度/℃	λ
50	0.23	14.8	1.43	880	83	1.01

(3) 故障总结　从这个故障诊断实例可以看出，在对有故障的车辆做完必要的常规检查之后，使用尾气分析仪可以很快发现故障的本质原因，缩小检修范围。

2. 汽车怠速不稳且故障警告灯亮

(1) 故障现象　一辆福特林肯城市轿车，装备 V 型 8 缸发动机，汽车发动机达到正常温度时，怠速运转不稳，发动机故障警告灯闪亮。

(2) 故障分析诊断与排除　首先检查氧传感器的电阻。拔下氧传感器的导线连接器，检测氧传感器的端子间电阻，其电阻正常。接着检测氧传感器的电压输出信号。装好氧传感器的导线连接器，启动发动机，使氧传感器达到工作温度，并保持其怠速运转状态。用电压表检测氧传感器端子的输出电压端，其电压值为 4.5～5.0V。节气门全开时测量，输出电压也为 4.5～5.0V。把发动机的部分真空管拔掉后再检测，氧传感器的输出电压，仍为 4.5～5.0V。若把空气滤清器堵住，再检测氧传感器输出电压，仍保持在 4.5～5.0V。经过以上的检测断定是氧传感器失效。

一、宽带氧传感器的工作原理与检测方法

随着汽车排放限值要求的不断提高，传统开关型氧传感器已不能满足需要，取而代之的是控制精度更高的线性宽带氧传感器（Universal Exhaust Gas Oxygen Sensor，简称UEGO）。宽带氧传感器能够提供准确的空燃比反馈信号给ECU，ECU依此信号精确地控制喷油时间，使发动机经济性与排放性达到较高水准。

1. 宽带氧传感器的组成

宽带氧传感器是以普通加热型开关式氧化锆型氧传感器为基础扩展而来。氧化锆型氧传感器有一特性，即当氧离子移动时会产生电动势。反之，若将电动势加在氧化锆组件上，则会造成氧离子的移动。宽带氧传感器由两部分组成，如图6-18所示。

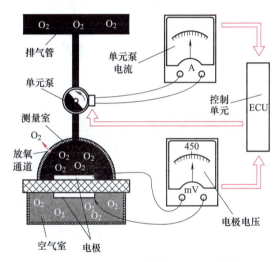

图6-18　宽带氧传感器的主要组成部件

第一部分是普通加热型氧化锆氧传感器，氧化锆组件的两个电极一个处于空气室，另一个处于测量室。空气室与外界大气相通，测量室通过单元泵与排气相通，排气中的氧通过单元泵输送到测量室中。由于氧化锆组件内外两侧的氧含量不同，在两电极间会产生电动势，称为能斯特电池。为使氧化锆组件能极早投入工作，设置了加热装置，加热装置的工作受电脑控制。

第二部分是泵氧元，又称为单元泵。单元泵一侧通排气，另一侧通测量室。单元泵是利用氧化锆传感器的反作用原理来工作的。将电压施加于氧化锆组件上，推动氧离子的移动，将排气中的氧泵入测量室中。形象一点讲，加在单元泵上的电压越高，氧离子的移动速度越快，单位时间内泵入测量室中的氧离子数量越多。

2. 宽带氧传感器的工作原理

发动机正常工作时，电脑通过改变单元泵电流来调节泵氧速度，将能斯特电池的电压值维持在450mV。这种不断变化的单元泵电流经电脑处理后形成宽带氧传感器的信号，电脑依此信号对空燃比进行闭环控制，使三元催化反应器的转换效率达到理想状态。具体调节过程如下。

（1）混合气过浓　混合气过浓时，排气中的氧含量少，倘若单元泵以原来的工作电流工作，测量室的氧量将不足，能斯特电池电压值会超过450mV [图6-19（a）]。此时控制单元增大单元泵的工作电流，增加泵氧速度，使测量室中的氧量增加，能斯特电池电压值又恢复到450mV，如图6-19（b）所示。同时，控制单元根据氧传感器电压值来减少喷油量。

（2）混合气过稀　混合气过稀时，排气中的氧含量多，倘若单元泵仍以原来的工作电流工作，测量室的氧量将增多，能斯特电池电压值会低于450mV [图6-20（a）]。此时控制单元减小单元泵的工作电流，减小泵氧速度，使测量室中的氧量减少，能斯特电池电压值又恢复到450mV，如图6-20（b）所示。同时，控制单元根据氧传感器信号电压值增加喷油量。

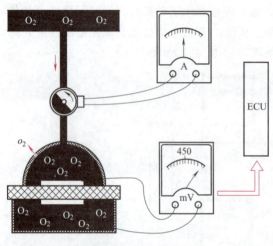

(a) 能斯特电池电压值大于450mV

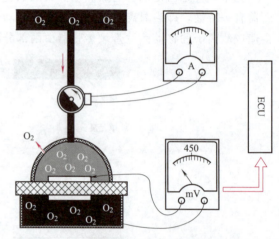

(a) 能斯特电池电压值小于450mV

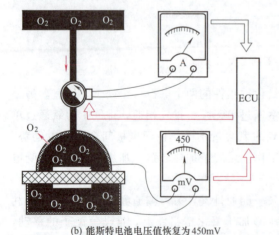

(b) 能斯特电池电压值恢复为450mV

图6-19　混合气过浓时的调节过程

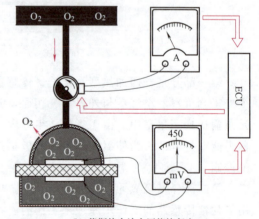

(b) 能斯特电池电压值恢复为450mV

图6-20　混合气过稀时的调节过程

3. 宽带氧传感器的检测

图6-21为桑塔纳3000及帕萨特领驭1.8T轿车装用的前氧（G39）与后氧（G130）传感器线路连接情况。前氧传感器G39，安装在三元催化器前方，采用了宽带氧传感器，主要是对空燃比进行精确控制。后氧传感器G130安装在三元催化器后方，仍为普通加热型开关

式氧传感器，主要是监控三元催化器的转换效率。对前氧传感器 G39 来说，传感器侧插头的 2 号与 6 号端子之间串联了一个微调电阻，阻值约 125Ω。端子 3 与 4 为加热器供电，来自油泵继电器的 12V 电由 3 号端子输入，4 号端子由电脑控制搭铁。加热器电阻约为 3Ω（正常值为 2~5Ω）。

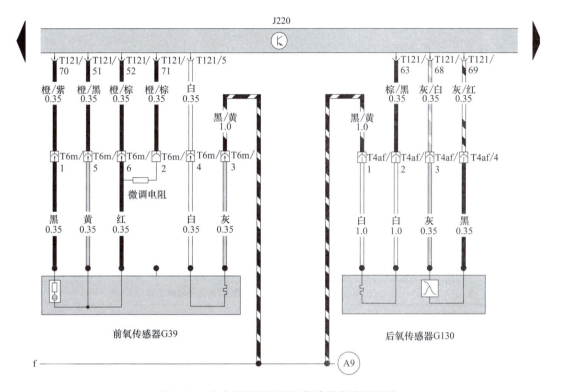

图 6-21　大众车前氧与后氧传感器线路连接图

（1）宽带氧传感器的万用表检测　点火开关 OFF，拔下前氧传感器的插头，点火开关 ON，在线束侧插头测量各端子的电压值。1 号与 5 号端子之间的电压差应为 0.45V 左右；3 号端子对地电压为 12V，2s 后变为 0，这是因为点火开关打到 ON 位置不打车，电脑控制油泵继电器只有 2s 左右的通电时间。

（2）宽带氧传感器的诊断仪检测　利用万用表在宽带氧传感器端子上直接测量传感器的输出电压是不可能的，必须通过诊断仪读取数据流，帕萨特领驭轿车宽带氧传感器动态数据流组号为 33。宽带氧传感器的电压规定值为 1.0~2.0V。电压值大于 1.5V 时混合气过稀（氧多），电压值小于 1.5V 时混合气过浓（氧少）。

实际检测时，可人为造成混合气过浓与过稀，以此来读取相应的数据流。从帕萨特领驭轿车进气歧管上拔掉一根真空管，使混合气变稀，此时会看到宽带氧传感器的电压值大于 1.5V；从空气滤清器入口喷入化油器清洗剂，使混合气变浓，此时会看到宽带氧传感器的电压值小于 1.5V，变化非常明显。

二、尾气分析与尾气分析仪的使用

1. 故障诊断中尾气分析的方法及原则

汽车排放污染物超标受多方面因素综合影响。一般从燃油供给部分、点火部分、机械部分和排气净化装置四部分来考虑。下面具体分析以下 5 种气体对发动机性能的影响。

① HC 的排放分析。

② CO 的排放分析。

③ CO_2 的排放分析。

④ O_2 的排放分析。

⑤ NO_x 的排放分析。

2. 根据尾气特点查找故障点

① 气门有故障的尾气排放特点。

② 发动机正时不准时的尾气排放特点。

③ 在活塞有问题时产生的废气排放特点。

④ 高压无火时的尾气特点。

表 6-4 所示为以上五种气体读数与发动机常见故障的关系。

表 6-4　五气体分析仪各读数值的关系及常见故障原因

CO	CO_2	HC	O_2	NO_x	可能问题状态
高	低	高	低	低	节温器或水温传感器故障（发动机运转在冷态）
低	高	低	低	高	节温器或水温传感器故障（发动机运转在热态）
低	低	低	高	低	催化转化器后有排气泄漏
低	高	低	低	中	喷油器失火，催化器有效工作
高	高	高	高	高	喷油器失火，催化器不工作；真空泄漏且混合气空燃比过浓；喷油器泄漏
高	低	高/中	低	低	油面较高（油压高）；空滤过脏；EVAP 炭罐清除系统故障；PCV 阀系统问题；发动机控制问题；曲轴箱被未燃燃油污染
高	低	中/低	低	高	存在催化器有效工作
高	低	高	高	低	混合气浓且点火系统失火
高	高	高	高	高	空燃比过稀；点火失火；真空泄漏或 MAF 与节气门体间漏气；EGR 不良或真空管安装错误；喷油器不良；氧传感器工作不良；发动机控制故障；油面过低
中	低	中/低	低	中/低	主要是发动机故障；压缩压力低；气门升程不足
中	低	中/低	高	高	点火正时过早；高压线与地短路或开路
中	低	中/低	高	高/中	发动机控制对真空泄漏补偿
低	高	低	高	低	燃烧效率高且催化器起作用

3. 五气体分析仪及使用方法

（1）五气体分析仪前面板　五气体分析仪前面板及按键功能见图 6-22。

（2）五气体分析仪后面板　五气体分析仪后面板及采样管连接见图 6-23。

（3）仪器的校准

① 返回工厂校准状态。

② 用标准气体现场校准。

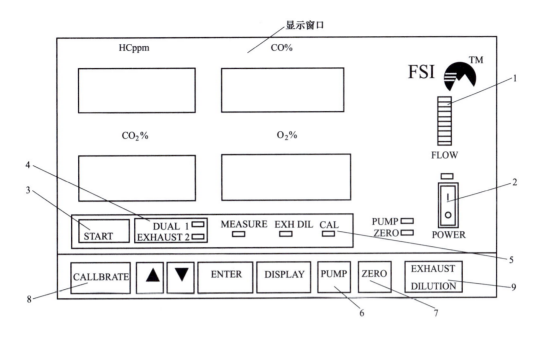

图 6-22 五气体分析仪前面板按键功能

1—FLOW 流量指示计；2—POWER 电源开关键；3—START 测量模式键；
4—DUAL EXHAUST 双排气模式选择键；5—操作模式状态指示灯；6—PUMP 泵开关键；
7—ZERO 调 "0" 模式键；8—CALLBRATE 校准模式键；
9—EXHAUST DILUTION 废气稀释检查功能键

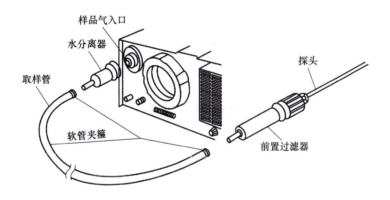

图 6-23 五气体分析仪后面板及采样管连接

(4) 单排气管测量模式操作步骤

① 将探头插入汽车排气管里，按 "START" 键，仪器进入测量模式，测量指示灯（MEASURE）亮，泵运转。

② 在测量模式下按 "DISPLAY" 键，可冻结当前显示的读数，便于记录和分析测量结果。再按 "DISPIAY" 键，可取消冻结显示。

③ 仪器只有 4 个数码显示窗口，CO_2 与 λ 以及 O_2 与 NO 分别共用一个显示窗口。为了交替显示各项数据，可在测量模式下通过反复按 "ENTER" 键来实现。每按一次 "ENTER" 键，就按表 6-5 所示的顺序切换显示。

表 6-5 仪器使用说明

操作	左下窗口（CO_2 与 λ）	右下窗口（O_2 与 NO）
按"ENTER"键	显示 CO_2	显示 O_2
按"ENTER"键	交替显示 CO_2 与 λ	交替显示 O_2 与 NO
按"ENTER"键	显示 λ	显示 NO
按"ENTER"键	交替显示 CO_2 与 λ	交替显示 O_2 与 NO
按"ENTER"键	重复循环	重复循环

④ 测量结束后，为了清除取样系统中的水蒸气和吸附的废气，必须先将探头从排气管中取出，再按一次"START"键结束测量模式，仪器进行 2min 的清洗模式；然后自动调零，进入备用模式。

（5）双排气管测量模式操作步骤

① 在备用模式下按"START"键，进入测量模式后，按"DUAL EXHAUST"键，仪器进入双排气管测量模式。

② 当 1 号指示灯亮时，将探头插入第一个排气管里，读数稳定后按"START"键，储存第一组读数。

③ 当 2 号指示灯亮时，将探头插入第二个排气管里，读数稳定后按"START"键，储存第二组读数；此时两个指示灯均亮，显示器显示两次测量的平均值。

④ 此后若反复按"DUAL EXHAUST"键，显示器轮流显示第一个读数、第二个读数和两个读数的平均值。在双排气管模式下，不需按"DISPLAY"键冻结显示结果。

⑤ 再次按"START"键将脱离此模式，进入清洗模式，然后进入备用模式。

（6）使用注意事项。

① 注意观察流量指示计状态，当出现低流量指示时，应及时更换过滤器滤芯。

② 关闭仪器前，应先将探头从排气管中取出并放在洁净的空气中，开泵至少 2min，使仪器中剩余的所有气体得到清除。否则，废气长期滞留在仪器管路中，会污染传感器感应部位，影响测量精度。

小 结

现代绝大多数的汽车都采用了以上所讲排放控制方法中的两至三种方法来控制排放，从而有效地控制了汽车尾气对我们人类环境的影响，使我们生活在一个自由的、洁净的环境里。

复习思考题

1. 废气再循环的主要目的是什么？
2. 汽车主要排放的污染物有哪些？
3. 各种汽车污染物对人体分别有什么危害？
4. 什么是 EGR 率？
5. 目前控制汽油机氮氧化物排放最主要的措施是_____。
6. 汽车排放污染主要来源于_____。
7. 汽油机的主要排放污染物是_____、_____、_____。

8. 装有氧传感器和三元催化转换装置的汽车，禁止使用_____汽油。
9. EGR 系统会对发动机的性能造成一定的影响。　　　　　　　　（　　）
10. 曲轴箱窜气的主要成分是 HC 和 CO。　　　　　　　　　　　（　　）
11. 废气再循环的作用是减少 HC、CO 和 NO_x 的排放量。　　　　（　　）
12. 发动机温度过高不会损坏三元催化转换器。　　　　　　　　　（　　）
13. 采用废气再循环能有效降低汽油发动机的 NO_x 排放，因此 EGR 率越大越好。
　　　　　　　　　　　　　　　　　　　　　　　　　　　　　（　　）
14. 提高怠速转速对于改善怠速排放是有利的。　　　　　　　　　（　　）
15. 汽油机的怠速转速越低将导致 CO 和 HC 排放越高。　　　　　（　　）
16. 只有当混合气的空燃比保持在 14.7∶1 附近时，三元催化转换器的转换效率才能达到最大。　　　　　　　　　　　　　　　　　　　　　　　　　　　　（　　）
17. 气缸内的温度越高，排出的 NO_x 量越多。　　　　　　　　　（　　）
18. 燃烧的温度越低，氮氧化合物排出的就越多。　　　　　　　　（　　）
19. NO_x 是燃烧过程中形成的多种氮氧化物，是由于混合气在高温、富氧下燃烧时产生的。　　　　　　　　　　　　　　　　　　　　　　　　　　　　　　（　　）
20. 什么是废气再循环技术？并简述其净化原理。

项目七 柴油机高压共轨电控系统原理与检修

 知识目标

掌握柴油机高压共轨电控系统原理。

 能力目标

柴油机高压共轨电控系统故障诊断。

 任务导入

在高压共轨喷油系统中,喷油压力的建立与喷油量互不相关,喷油压力不取决于柴油机的转速和喷油量。在高压共轨中,始终充满着高压燃油,而喷油量、喷油正时和喷油压力由电控单位(ECU)根据其存储的特性曲线和传感器采集的柴油机运转工况信息算出,然后控制每缸喷油器高速电磁阀开与关来实现。

学习指引

高压共轨系统改变了传统的喷油系统的组成结构,最大的特点就是将燃油压力产生和燃油喷射分离,以此对轨管内的油压实现精确控制。

相关知识

一、柴油机电控技术的发展

柴油机电控技术是在解决能源危机和排放污染两大难题的背景下,在飞速发展的电子控制技术平台上发展起来的。汽油机电控技术的发展为柴油机电控技术的发展提供了宝贵经验。

柴油机电控系统的开发研究从 20 世纪 70 年代开始,经历了三代:位置控制,时间控制,时间-压力控制(压力控制)。

1. 柴油机电控技术的发展：第一代（位置控制方式）

保留了传统柴油机供给系统的基本组成和结构，只是取消了机械控制部件（调速器等），增加了传感器、ECU、执行器等组成的控制系统，使控制精度和响应速度得以提高。

优点：柴油机的结构几乎不需改动，便于对现有柴油机进行升级换代。

缺点：响应慢，控制精度不高，供油压力不能控制。

在直列柱塞泵上实施位置控制的有：日本电装公司的 ECD-P1、ECD-P2、ECD-P3 系统；德国波许公司的 EDR 系统；美国的 PEEC 系统等。

在分配泵上实施位置控制的有：日本电装公司的 ECD-V1 系统；德国波许的 EDC 系统；美国的 PCF 系统等。

2. 柴油机电控技术的发展：第二代（时间控制方式）

基本保留了传统燃油供给系统的组成和结构，通过高速电磁阀直接控制高压燃油的适时喷射。一般情况下，电磁阀关闭，执行喷油；电磁阀打开，喷油结束。因此可实现供油量控制，又可实现供油正时的控制。

优点：控制自由度更大，供油加压与供油调节在结构上相互独立，使喷油泵结构得以简化，强度得到提高。高压喷油能力大大加强。

缺点：供油压力无法控制。

在分配泵上实施时间控制的有：日本电装公司的 ECD-V3 系统；美国 Stanadyne 公司的 DS 型和 RS 型（DS 型已用于 GM 公司 1994 年的增压柴油机上，RS 型已用于 GM 公司的客货两用车和越野车）；日本丰田公司的 ECD-2 系统，等等。电控泵喷嘴系统有：德国波许公司的 PDE27/PDE28 系统，等等。

3. 柴油机电控技术的发展：第三代（时间-压力方式）

这是国外于 20 世纪 90 年代中期研制的一种新型柴油机电控技术。基本改变了传统燃油供给系统的组成和结构，主要以电控共轨（各缸喷油器共用一个高压油管）式喷油系统为特征，直接对喷油器的喷油量、喷油正时、喷油速率和喷油规律、喷油压力等进行时间-压力控制。

高压油泵并不直接控制喷油，而仅仅向共轨供油以维持所需的共轨压力，并通过连续调节共轨压力来控制喷射压力。

优点：可实现高压喷射（最高达 200MPa），喷射压力独立于发动机转速，可实现理想喷油规律，具有良好的喷射特性。

共轨喷射系统是柴油机燃油系统的一个发展方向。目前在卡车和轿车柴油机上得到广泛应用，发展速度十分惊人。

国外典型共轨喷射系统：日本电装公司的 ECD-U2 系统；美国 BKM 公司的 servojet 系统；美国 Caterpiller 公司的 HEUI 系统，等等。

二、柴油机电控燃油喷射系统的优点

1. 改善低温启动性

电子控制系统能够以最佳的程序替代驾驶员进行这种麻烦的启动操作，使柴油机低温启动更容易。

2. 降低氮氧化物和烟度的排放

采用柴油机电控技术，可精确地将喷油量控制在不超过冒烟界限的适当范围内，同时根据发动机工况调节喷油时刻，从而有效地抑制排烟。

3. 提高发动机运转稳定性

采用柴油机电控系统，无论负荷怎样增减，都能保证发动机怠速工况下以最低的转速稳定运转，有利于提高其经济性。

4. 提高发动机的动力性和经济性

柴油机电控系统中，ECU根据传感器信号精确计算喷油量和喷油正时，从而提高发动机的动力性和经济性。

5. 控制涡轮增压

采用电子控制技术可以对增压装置进行精确的控制。适应性广，只要改变ECU的控制程序和数据，一种喷油泵就能广泛用在各种柴油机上，而且柴油机燃油喷射控制可与变速器控制、怠速控制等各种控制系统进行组合实现集中控制，有利于缩短柴油机电控系统开发周期，并降低成本，从而扩大柴油机电控系统的应用范围。

三、柴油机高压共轨系统原理介绍

第三代柴油机电控系统中最典型的是电控共轨式燃油喷射系统。在电控共轨式燃油喷射系统中，各缸喷油器共用一个高压油轨（即高压油管）。对喷油量的控制采用时间-压力控制或压力控制，用得最多的是时间-压力控制方式。

高压共轨系统由五个部分组成，即高压油泵、共轨腔及高压油管、喷油器、电控单元、各类传感器和执行器。供油泵从油箱将燃油泵入高压油泵的进油口，由发动机驱动的高压油泵将燃油增压后送入共轨腔内，再由电磁阀控制各缸喷油器在相应时刻喷油。

柴油机电控系统由传感器、ECU控制单元、执行器和线束四部分组成，它们之间的关系及各个部分的功能见图7-1、图7-2。

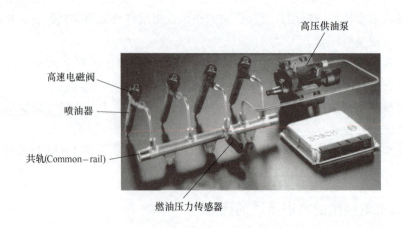

图7-1　博世电控高压共轨实物

1. 高压油泵（图 7-3）

高压油泵是高压油路和低压油路的分界点，负责提供所有工况下的高压燃油，且保证供油量和压力要求。高压油泵由发动机通过齿带或链条驱动。

高压油泵的工作原理：带偏心凸轮的驱动轴驱动高压油泵内的活塞运动，产生高压燃油，输送给高压油轨。燃油压力传感器反馈燃油压力信号，燃油计量阀负责接收发动机 ECU 命令，调节高压油泵产生的燃油压力的大

高压油泵

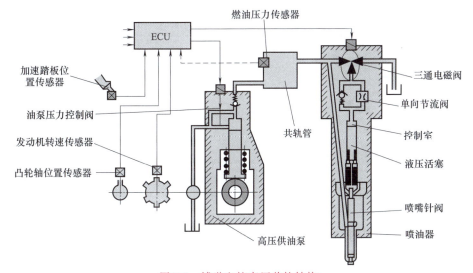

图 7-2 博世电控高压共轨结构

小。经高压油泵加压后进入高压油轨的燃油油压可达到 1800bar。

高压泵的柱塞向下运动时，辅助燃油泵使燃油经高压泵进油阀进入柱塞腔。在高压泵柱塞越过下止点后，进油阀关闭（吸油行程），柱塞腔内的燃油被密封。它将以高于供油压力的油压被压缩，油压升高一旦达到共轨的油压，出油阀被打开，被压缩的燃油就进入了高压油轨。柱塞继续供给燃油，直至到达上止点（供油行程），压力减小，导致出油阀关闭，仍然在柱塞腔内的燃油压力也下降，柱塞又向下运动。只要柱塞腔内的压力降至低于输油泵的供油压力时，进油阀开启，吸油过程又开始，如此循环。

2. 输油泵

输油泵的工作是向高压油泵供给足够的燃油量。在各种工作状态、不同的压力下，整个工作寿命周期都必须满足上述要求。

图 7-3 高压油泵

博世第一代高压共轨系统常采用齿轮式输油泵，与高压油泵集成于一体。如图 7-4 所示。

齿轮式输油泵（图 7-5）在泵体中装有一对回转齿轮，一个主动，一个从动，依靠两齿轮的相互啮合，把泵内的整个工作腔分成进油腔和出油腔。输油泵运转时，主动齿轮带着从

动齿轮旋转,将柴油从进油腔沿齿隙与泵壁送至出油腔,这样进油腔处便形成低压产生吸力,把柴油吸到进油腔,由于主从动齿轮不断地旋转,柴油便不断地被输送到高压油泵。

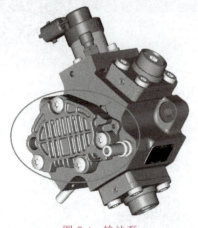

图 7-4 输油泵

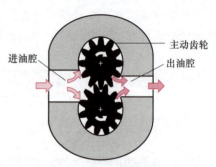

图 7-5 齿轮式输油泵

如果输油泵卡滞或磨损,会导致输油泵无法为高压油泵提供足够的燃油量,引起高压油路油压低故障。如果输油泵齿轮磨损或损坏,则需更换处理。如果输油泵内部进入杂质,则可以进行清洗处理。

四、柴油机高压共轨系统传感器、执行器的作用及特性

电控柴油发动机上的传感器、执行器可谓五花八门,其中传感器类型大致分为压力传感器、温度传感器、速度与位置传感器这三类,细分类型大约有十余种,执行器主要有有燃油计量阀和喷油器,本项目主要介绍在柴油发动机上的传感器和执行器。

(一)高压共轨系统传感器

这其中主要包括:冷却液温度传感器、燃油压力传感器、发动机转速传感器、凸轮轴位置传感器等十余种传感器。而下面所要介绍的是大多电控柴油机所必备传感器。

1. 曲轴转速传感器

① 结构:磁脉冲式。

② 功用:转速传感器采集柴油机转速信号以便 ECU 计算循环供油量,还可提供曲轴位置信号以便 ECU 对喷油正时作出准确控制;辅助转速传感器用来作为转速信号计算曲轴转角的信号,进行判缸。

③ 安装位置:飞轮壳上与供给泵上。

2. 凸轮轴位置传感器

① 结构:以磁绕组方式。

② 功用:凸轮轴每转一圈向 ECU 提供一个信号,ECU 据此确定哪个气缸的活塞处于压缩行程上止点。

③ 安装位置:在凸轮轴前端。

3. 共轨压力传感器(图 7-6)

高压共轨的功能是存储高压燃油和进行燃油分配。由于高压泵的供油和燃油喷射时产生的高压振荡在共轨容积中衰减,这样保证在喷油器打开时喷射压力能维持定值。共轨上装有

用来测量供油压力的油轨压力传感器。用来进行燃油压力的闭环控制，压力传感器需保证足够的精度和响应速度。

① 结构：压阻式高压传感器，最高频率在1kHz，测量范围在0～200MPa。

② 功用：实时测定共轨管中的实际压力信号并反馈给ECU，增减调节油压。

③ 安装位置：共轨管上。

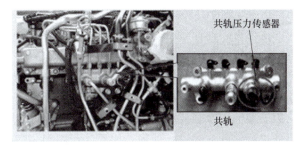

图 7-6 共轨压力传感器

4．冷却液传感器（图7-7）

① 结构：负温度系数的热敏电阻，其使用范围为40～130℃。

② 功用：主要用于测量发动机冷却液的温度，从而进一步精确控制燃油喷射量。

③ 安装位置：在节温体上。

图 7-7 冷却液传感器

5．进气压力传感器（图7-8）

① 结构：半导体压敏电阻式压力传感器。

② 功用：计算空气量，用来控制空燃比和负温度系数的热敏电阻，从而进一步精确控制燃油喷射量。

③ 安装位置：安装在进气歧管。

图 7-8 进气压力传感器

(二)高压共轨系统执行器

主要有燃油计量阀、喷油器电磁阀、主继电器、预热塞及预热控制器、压力控制阀(PCV)、报警灯等。

(1) 燃油计量阀(图7-9) 燃油计量阀安装在高压油泵的进油位置,用于调整燃油供给量和燃油压力值。燃油计量阀属于精密元件,如果维护不当或者使用劣质滤芯及柴油往往会因为柴油中水分或者杂质过多,引起燃油计量阀阀芯卡滞或磨损。如果计量阀阀芯卡滞,可通过清洗的方式进行处理;如果计量阀阀芯磨损,则需更换新的零部件。

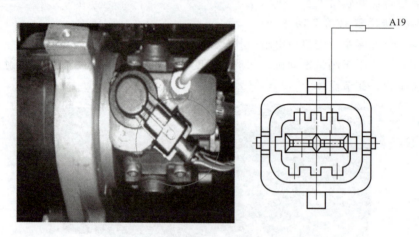

图7-9 燃油计量阀

燃油计量阀受发动机ECU控制,发动机ECU通过脉冲信号改变高压油泵进油截面积进而增大或减小进油量。当燃油计量阀不通电时,燃油计量阀处于常闭状态,此时燃油计量阀2号针脚应有12V左右的电压,1号针脚应有3V左右的电压。当燃油计量阀通电时,比例阀导通,可以提供最大流量的燃油(图7-10)。

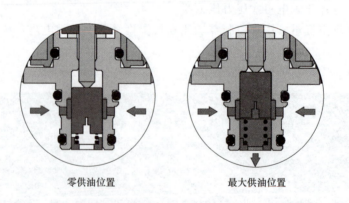

零供油位置　　　　最大供油位置

图7-10 零供油位置、最大供油位置

(2) 喷油器(图7-11) 喷油器主要部件是一对精密偶件,称其为喷油嘴或喷油头,由针阀11和针阀体13组成。用优质轴承钢制成,其相互配合的滑动圆柱面间隙仅为0.001~0.0025mm,通过高精密加工或研磨选配而得,不同喷油嘴偶件不可互换。间隙过大会使喷油压力下降,喷雾质量变差;间隙过小针阀容易卡死。针阀中部的环形锥面(承压锥面)位于针阀体的环形油腔 12 中，其作用是承受由油压产生的轴向推力，使针阀上升。针阀下端的锥面（密封锥面）与针阀体相配合，起密封喷油器内腔的作用。针阀上部有凸肩，当针阀关闭时，凸肩与喷油器体下端面的距离 h 为针阀最大升程，其大小决定了喷油量的多少，一般 $h=0.4\sim0.5$ mm。

喷油器接受 ECU 送来的喷油脉冲信号，精确地控制燃油喷射量。在 ECU 的控制下定时、定量地以雾状向各缸喷射燃油。喷油量由喷油持续时间决定，而喷油持续时间则由 ECU 根据发动机的进气量、转速、水温、节气门开度、氧等传感器的信号进行控制。

（3）预热塞（图 7-12） 预热塞的主体是用铁镍铝合金制成的螺旋形电阻器 2，电阻一端焊在中心螺杆 9 上，另一端焊在用耐热不锈钢制成的发热体钢套的底部。螺杆和外壳 5 之间用瓷质绝缘体 7 隔开，钢套 1 与电阻丝之间，填充具有一定绝缘性能和导热性好、耐高温的氧化铝。电热塞安装在气缸盖上，各缸电热塞中心螺杆用导线连接电源。发动机启动前接通电热塞开关，电流流经蓄电池正极、电阻丝、中心螺杆、蓄电池负极。由于电流流经电阻丝，电阻丝和发热体钢套则发热变红，用来加热气缸内的空气，达到顺利启动的目的。

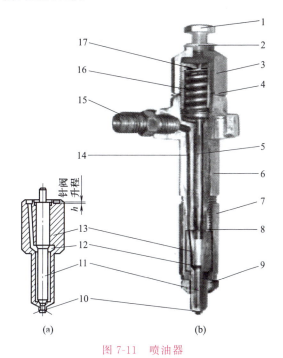

图 7-11 喷油器

1—回油管接头；2—垫片；3—螺母；4—防尘胶圈；5—顶杆；
6—喷油器体；7—紧固螺母；8—定位销；9—铜垫片；
10—喷孔；11—针阀；12—环形油腔；13—针阀体；
14—进油道；15—高压油管接头；
16—喷油器调压弹簧；17—调压螺钉

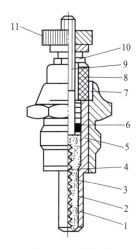

图 7-12 预热塞

1—发热体钢套；2—电阻器；3—填充物；
4—密封垫圈；5—外壳；6—垫片；
7—绝缘体；8—胶黏剂；9—中心螺杆；
10—固定螺母；11—压线螺母

（4）预热控制器（图 7-13） 启动车辆的时候需要预热，预热时，电磁线圈通过电流，使内部触点吸合，促使电源与预热塞导通，进行预热，预热结束后，电磁线圈断电，触点断开，停止预热，车辆正常启动。

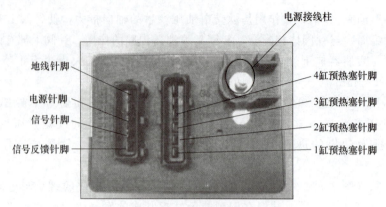

图 7-13 预热控制器

五、柴油机高压共轨系统检修注意事项

（一）清洗喷油器的注意事项

1. 解体时要记住各喷油器的缸序

将喷油器从缸盖下卸下，进行简单的外部清洗，然后逐一解体、检验、组装，以防止不同喷油器的相同零件在组装时互相掺混。具体的步骤是先将喷油器的喷孔向下夹紧在台钳上，拆下调压螺钉护帽、调压螺钉及弹簧清洗干净。再将喷油器掉头固定在台钳上，松开偶件紧固螺套，卸下喷油器偶件，作必要的清洗后进行下面的检验。

2. 检验分为目测检查和滑动性试验

目测针阀和阀体的配合表面不得有烧灼或腐蚀现象，针阀的轴针不得有变形或其他损伤。作滑动性试验时，须将阀体倾斜 60°左右，将针阀拉出约 1/3 行程后放开，针阀应能靠其自重平稳地下滑；转动针阀位置，重复上述操作，如果针阀不是在任何位置都能平稳地下滑，则应更换针阀偶件。

3. 组装

清洗本体及其油道，将调压弹簧、调压螺钉部分组装在一起。注意调压螺钉不能拧得太紧，这样在后期进行性能检查时便于排气和整体清洗。将可用的或更换后的针阀偶件放在装有干净柴油的塑料盆中，来回晃动针阀进行彻底清洗。使喷油器调压部分（应在下方）固定在台钳上，将针阀偶件按定位要求扣在结合面上，而后拧紧偶件紧固螺套，再进行性能检查。

4. 喷油器的整体装配

将调试好的喷油器进行整体装配时，要特别注意调压螺钉紧固螺母的安装，否则将影响调试质量。正确的安装方法是将喷油器的喷孔向下夹紧在台钳上，右手用一个小的一字形螺丝刀穿过调压螺钉紧固螺母的回油螺钉孔，固定住调压螺钉，左手再用一个扳手将调压螺钉紧固螺母拧紧。这样做的目的是，当再拧紧调压螺钉和紧固螺母时，能保证调压螺钉原来的位置不动。

（二）拆卸预热塞注意事项

拆装预热器要掌握正确方向及拧紧力矩；在清理预热器时，应当避免沾上机油或者柴油，可以用干净抹布将预热器的端子和胶木垫上的油污擦拭干净；更换预热器时要小心操作，避免损坏预热器套管。

（三）拆画电路图的注意事项

① 拆画电路图时为保证美观性及易改动性，应使用铅笔和直尺。
② 应在画完的电路简图中标注出线径（也可标出颜色）。
③ 标注出电路简图中各元件名称代号及针脚号。
④ 电路简图中各元件应使用标准画法。

六、柴油机高压共轨系统故障诊断及排除

（一）燃油系统故障诊断与维修

车辆燃油消耗完或者对燃油系统进行拆装维修等情况下，均会导致燃油系统进入空气，如果不对燃油系统进行排空气操作，则会导致发动机启动困难或者无法启动。因为柴油机燃油泵只有在发动机启动时才能工作，这时候就要用手油泵将油箱里的燃油泵到油管内。

手油泵（图7-14）内部有两个单向阀，按压手油泵时，手油泵内腔压力加大，出油单向阀打开，进油单向阀关闭，柴油被压入到喷油泵内；松开手柄时则相反，输油泵内腔压力减小（小于油箱内压力），出油单向阀关闭，进油单向阀打开，柴油被从油箱吸进来。手油泵安装在低压油路上，有的独立安装，有的和柴油滤清器集成在一起，一般分为柱塞式、膜片式、橡胶球式等。

燃油供给系统分为低压油路部分和高压油路部分。低压油路是指从燃油箱至高压油泵进油口的油路，低压油路的主要功能是储存、过滤和输送，为高压油路供给充足的燃油。高压油路是指从高压油泵至喷油器的油路，高压油路功能是将低压燃油压缩成高压燃油，并在燃油共轨里保持一定的压力，根据发动机不同负荷的需要，定时、定量并以一定的雾化质量将燃油喷入燃烧室。

低压油路排空气操作方法：对高压油泵进油管接头及其周围进行清洁处理，断开高压油泵进油管接头。反复按压手油泵，直到低压管路燃油喷射出来并且无气泡时为止，然后紧固油管接头。

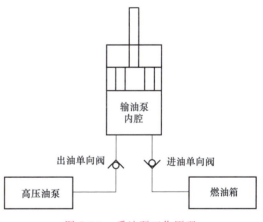

图 7-14　手油泵工作原理

高压油路排空气操作方法如下：对喷油器高压油管接头及其周围进行清洁处理，拧松4支喷油器高压油管接头，启动发动机，让启动机带动曲轴旋转，这时可以看到松开的喷油器高压油管接头处冒出带气泡的柴油，直到无气泡冒出时停止转动，然后拧紧喷油器高压油管接头。

高压油路排空气时应注意，启动机每次运转持续时间不宜超过15s，每次间隔时间至少2min，以免损坏蓄电池和启动机。

（二）柴油滤清器故障诊断与维修

柴油中的水分、杂质等会使发动机高压燃油泵、喷油器等部件生锈、异常磨损。使用劣质柴油还会生成沉淀物和胶质，造成柴油滤清器堵塞，燃烧室、喷油器形成积炭，

致使活塞黏结、磨损变大，最终对发动机造成不可修复性损害。

柴油滤清器可以将柴油中的杂质、水分等杂质进行过滤，保证共轨燃油系统内燃油的清洁，保护发动机及共轨系统零部件。

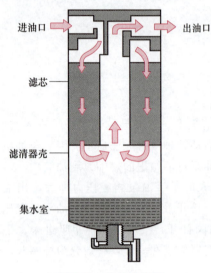

图 7-15 柴油滤清器

柴油滤清器由滤清器壳体、滤芯、集水室、进出油道等组成，如图 7-15 所示。

为了过滤燃油中的杂质，必须装用柴油滤清器，以保证燃油供给系统正常运转和相关元件的使用寿命。柴油滤清器确保过滤燃油中杂质的前提下，还要保持良好的燃油通过性。如滤芯脏污导致阻力过大，会导致低压油路供油不畅，引起高压油路油压低的故障。衡量柴油滤清器燃油通过性好坏的标准，主要看柴油滤清器前后端压力差，正常的柴油滤清器前后端压力差要小于等于 0.8bar。在对柴油滤清器燃油通过性进行诊断时，可分别对柴油滤清器前端及后端的压力进行测量，计算前后端压力差是否超差，从而判断柴油滤清器是否存在故障。

（三）预热控制器和预热塞的诊断与维修（见表 7-1、表 7-2）

表 7-1 预热控制器和预热塞的诊断与维修过程

步骤	工作内容	工具/辅具	注意事项
1	验证故障并连接诊断仪读取车辆故障信息并做记录	诊断仪、笔、纸	无
2	保持原车线束连接，测量 GCU 上 30 号脚铜柱上的电压和将点火开关打到"ON"挡上，通电后测量 GCU 上 86 号针脚对地电压，并填写项目单	万用表、项目单	正常情况下电压为 12V
3	断开 GCU 接头，测量接头 31 号针脚与地之间的电阻，填写项目单	万用表、项目单	正常情况下电阻为 0Ω
4	在预热过程中，测量 K 线上的对地电压，刚通电和等待一段时间（预热开始到结束），填写项目单	万用表、项目单	正常情况下从 0V 变成 12V
5	在预热过程中，测量 Di 线上的对地电压，刚通电和等待一段时间（预热开始到结束），填写项目单	万用表、项目单	正常情况下从 12V 变成 0V
6	判断预热控制器内部触点分合情况	螺丝刀	无
7	验证故障是否排除，车辆是否可以正常启动	无	无
8	恢复车辆和实训场地	无	无

项目七 柴油机高压共轨电控系统原理与检修

表 7-2 检测结果

检查项目	检查标准(条件)	检查结果	(检查结果:否)处理意见
30号脚铜柱的电压	电压：12V	是□ 否□	更换原厂预热控制器
86号针脚对地电压	电压：12V	是□ 否□	更换原厂预热控制器
31号针脚与地之间的电阻	电阻：0Ω	是□ 否□	更换原厂预热控制器
K线上的对地电压	电压：从0V变成12V(预热时间从开始到结束)	是□ 否□	更换原厂预热控制器
Di线上的对地电压	电压：从12V变成0V(预热时间从开始到结束)	是□ 否□	更换原厂预热控制器
预热控制器内部触点	触点吸合与分离正常	是□ 否□	更换原厂预热控制器

（四）油门踏板位置传感器故障诊断与维修

油门踏板位置传感器的常见故障有连接线路故障、滑动电阻故障以及传感器开裂等，在检修时需注意油门踏板能否踩到全开位置，避免出现由于驾驶室地毯过厚引起的误判断。维修过程见表 7-3。

表 7-3 油门踏板位置传感器故障诊断与维修过程

步骤	工作内容	工具/辅具	注意事项
1	连接诊断仪，读取故障信息	诊断仪	诊断仪数据线连接牢固
2	查阅传感器检测方法及电路走向	维修手册	
3	检查传感器及线路的实际工作状况	数字式万用表	万用表挡位量程选择要正确
4	根据实测数值分析故障原因	维修手册	实测值要与标准值对比
5	排除故障，更换相应的零部件	维修工具套件	正确拆装零部件
6	验证故障是否排除		启动车辆时要注意安全
7	填写项目单		
8	整理实训场地，物品归位		
9	连接诊断仪，读取故障信息	诊断仪	诊断仪数据线连接牢固

使用诊断仪读取数据流（图 7-16），选择"加速踏板位置"项目。油门踏板 1 原始值 0.7V，2 原始值 0.35V，踏板原始开度为 0%。踏板 1 和踏板 2 的数值为倍数关系，当油门完全踩到底时踏板开度为 100%。启动发动机缓慢提高转速，正常情况下加速踏板位置传感器的数值应随着踏板踩踏力度的上升而上升，否则应更换传感器。

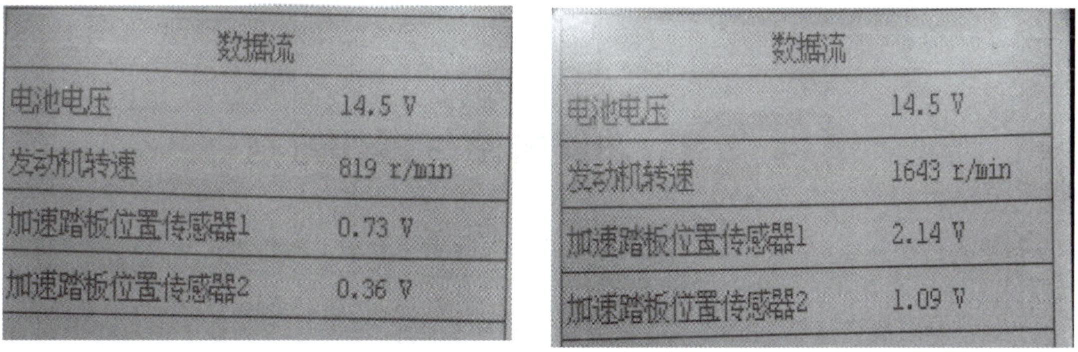

图 7-16 诊断仪读取数据流

（五）空气流量计常见故障的检测排除

空气流量计的常见故障有传感器过脏、连接线路故障以及传感器本身故障。空气流量计在装配时有一定的方向性，要注意箭头方向与进气流向一致。禁止测量传感器电阻或用高压空气吹传感器部分，避免油液进入传感器内，否则极易造成传感器损坏。空气流量计常见故障的检测排除见表7-4。

表7-4 空气流量计常见故障的检测排除

步骤	工作内容	工具/辅具	注意事项
1	连接诊断仪，读取故障信息及数据流	诊断仪	诊断仪数据线连接牢固
2	查阅传感器检测方法及电路走向	维修手册	
3	检查传感器及线路的实际工作状况	数字式万用表	万用表挡位量程选择要正确
4	根据实测数值分析故障原因	维修手册	实测值要与标准值对比
5	排除故障，更换相应的零部件	维修工具套件	正确拆装零部件
6	验证故障是否排除		启动车辆时要注意安全
7	填写项目单		
8	整理实训场地，物品归位		
9	连接诊断仪，读取故障信息及数据流	诊断仪	诊断仪数据线连接牢固

使用诊断仪读取数据流（图7-17），选择"空气质量"项目。启动发动机缓慢提高转速，正常情况下发动机进气量数值应随着转速上升而上升，否则应更换空气流量计。

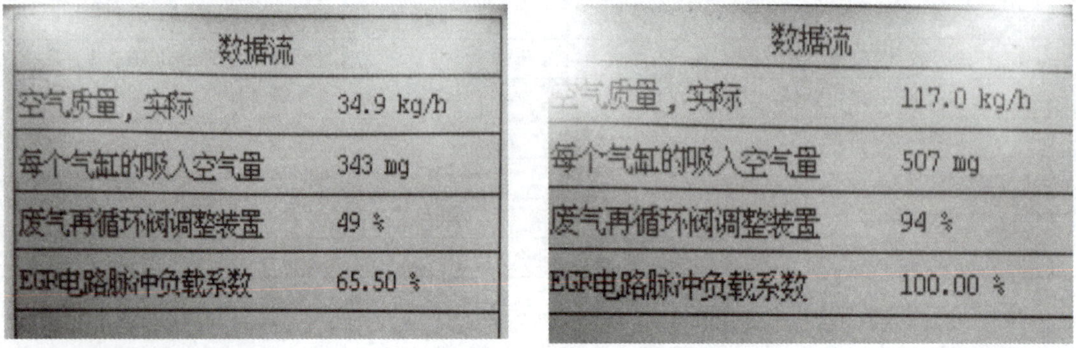

图7-17 诊断仪读取数据流

任务1　油路排空气操作方法

故障车行驶中熄火，发现燃料耗尽，重新加油后无法启动，因此决定对上述故障进行维修。

发动车辆没有着车征兆，排气管不冒烟，说明发动机在启动的过程中没有燃料进入气缸。

项目七　柴油机高压共轨电控系统原理与检修

任务准备

在对压油路进行排空气操作时，首先要彻底清洁高压油泵进油管连接接头及其周围区域，例如使用化清剂或压缩空气等方法。避免在排气过程中燃油系统进入杂质，引起燃油系统故障。

实施步骤

① 对高压油泵进油管接头及其周围进行清洁处理，断开高压油泵进油管接头。

② 反复按压手油泵，直到低压管路燃油喷射出来并且无气泡时为止，然后紧固油管接头。

③ 对喷油器高压油管接头及其周围进行清洁处理，拧松4支喷油器高压油管接头，启动发动机，让启动机带动曲轴旋转，这时可以看到松开的喷油器高压油管接头处冒出带气泡的柴油，直到无气泡冒出时停止转动，然后拧紧喷油器高压油管接头。

④ 高压油路排空气时应注意，启动机每次运转持续时间不宜超过15s，每次间隔时间至少2min，以免损坏蓄电池和启动机。

⑤ 验证故障是否排除，整理实训场地，物品归位。

任务2　凸轮轴位置传感器及工作线路检测

故障车出现启动困难、加速无力，并且故障灯常亮的故障现象，直到无法启动了。维修人员在读取车辆信息后发现电控系统存在故障码P0340和P0191，两个故障代码无法清除，因此决定对上述故障进行维修。

该车故障代码为P0340无凸轮轴信号，且无法清除，说明该车高压共轨系统的故障是真实存在的。

凸轮轴位置传感器的常见故障有传感器过脏、连接线路故障、传感器间隙不正确、传感器本身故障以及发动机正时装配错误引起的误报警等故障。

任务准备

① 连接诊断仪，读取故障信息。
② 查阅传感器检测方法及电路走向。

实施步骤

① 检查传感器及线路的实际工作状况。
② 根据实测数值分析故障原因。
③ 排除故障，更换相应的零部件。
④ 验证故障是否排除，整理实训场地，物品归位。
⑤ 连接诊断仪，读取故障信息。

任务 3　油轨轨压传感器及工作线路检测

故障车出现启动困难、加速无力，并且故障灯常亮的故障现象，直到无法启动了。维修人员在读取车辆信息后发现电控系统存在故障码 P0340 和 P0191，两个故障代码无法清除，因此决定对上述故障进行维修。

该车故障代码为 P0194 轨压传感器负向漂移过大，且无法清除，说明该车电控系统的故障是真实存在的。

轨压传感器的常见故障有连接线路故障、轨压传感器安装螺纹渗漏引发传感器报警以及传感器内部故障。当拆装更换轨压传感器后需要进行燃油管路的常规排气。

任务准备 ▶▶▶

① 连接诊断仪，读取故障信息。
② 查阅传感器检测方法及电路走向。

实施步骤 ▶▶▶

① 检查传感器及线路的实际工作状况。
② 根据实测数值分析故障原因。
③ 排除故障，更换相应的零部件。
④ 验证故障是否排除，整理实训场地，物品归位。
⑤ 连接诊断仪，读取故障信息。

小　结

高压共轨（Common Rail）电喷技术是指在高压油泵、压力传感器和电子控制单元（ECU）组成的闭环系统中，将喷射压力的产生和喷射过程彼此完全分开的一种供油方式。它是由高压油泵将高压燃油输送到公共供油管（Rail），通过公共供油管内的油压实现精确控制，可以大幅度减小柴油机供油压力随发动机转速变化的程度。

复习思考题

一、填空题

1. 电控柴油机低压油路的作用是：_____。
2. 电控柴油机燃油滤清器上盖有手油泵，其作用是：_____。
3. 目前，国Ⅲ柴油机共轨系统的高压油泵常见的驱动方式是曲轴通过_____采用凸轮轴驱动的较少。
4. 目前，我国国Ⅲ共轨柴油机燃油喷射系统一般采用了_____和_____两个喷射阶段。
5. 共轨柴油机高压油路包括的主要零部件有：_____。
6. 共轨柴油机中，喷油量除了取决于_____外，还取决于_____。

7. 增压压力传感器一般安装在增压器_____的后方进气歧管处。

8. Bosch 共轨发动机，共轨压力一般应大于_____MPa 才能启动。

9. 共轨压力调节阀有常开式及常闭式两种，现广泛采用的是_____，因为当共轨压力调节阀线路故障（如断路），发动机可以正常启动，故障行驶，确保能开到就近的服务站维修。

10. 电控 VGT 系统中，转动叶片组的动作，可以采用真空式 VGT 电磁阀控制式，也可采用电机带动的_____。

11. 电控进气预热系统中，国Ⅲ柴油机经常采用预热塞或者_____。

12. 共轨系统的发动机启动时，如果拔掉曲轴位置传感器，会出现的现象为：_____。

13. 电控柴油机中喷油器电磁阀的电阻值一般在_____左右。

14. 能满足欧Ⅲ以上柴油发动机排放指标的并被广泛使用的三种主要电控燃油喷射系统的名称是_____。

15. 共轨柴油机中，ECU 控制_____，实现了喷油量、喷油正时及喷油规律的控制；ECU 控制_____，实现了喷油压力的控制。

16. 商用车中型及重型国Ⅲ柴油机，一般采用_____（机械式、电动式）输油泵。

17. 共轨压力传感器安装的部位是在_____。

18. 电控发动机对燃油的精确控制主要是由其电控系统来实现的，其电控系统主要由_____、_____、_____等三部分组成。

19. 电控柴油机中，油门踏板位置传感器最常见的形式为_____，另外有采用单电位计加怠速触点信号式的。

20. 电控柴油机中，温度类传感器大多采用_____温度系数（NTC）的热敏电阻特性。

21. 共轨压力传感器是根据_____制成的，为共轨柴油机的最为重要的传感器之一。

22. 共轨压力传感器的 3 个接线端子分别是：电源、搭铁及_____。

23. 大气压力传感器一般位于 ECU 内，其作用是检测_____、用于对喷油参数的_____和对增压器_____的控制。

24. 电控发动机的目标怠速转速由_____、空调开关、蓄电池电压等修正。

25. 共轨压力调节阀可以安装在共轨上或高压油泵上，现在国Ⅲ柴油机比较普遍采用的是高压油泵_____端调节。

26. 柴油机中设置电控 EGR 系统的最主要作用是降低_____的排放。

二、单项选择

1. 水温传感器、油门踏板位置传感器、进气温度传感器上面的参考电压是（　　）。
   A. 12V　　　　　B. 24V　　　　　C. 5V　　　　　D. 不一定

2. Delphi 单体泵系统转速传感器与信号齿之间的空气间隙大于安装尺寸时，则（　　）。
   A. 传感器输出电压低，不能启动
   B. 传感器输出电压高，高速工作时不正常
   C. 传感器输出电压正常，发动机工作正常

3. 设置电控 EGR 系统的主要目的是降低（　　）的排放量。
   A. CO　　　　　B. HC　　　　　C. NO_x　　　　　D. CO_2

4. 设置电控节气门翻板的主要目的是（　　）
   A. 控制进气量　　　　　　　　　　　B. 控制进气压力
   C. 控制空燃比　　　　　　　　　　　D. 减少熄火时的抖动

5. 电控柴油机将曲轴位置传感器插头拔掉，启动发动机能否着火？（　　）
   A. 不能着火　　　　B. 能着火　　　　C. 不一定，应结合具体机型分析

6. 电控柴油机将凸轮轴位置传感器插头拔掉，启动发动机能否着火？（　　）
   A. 不能着火　　　　B. 能着火　　　　C. 不一定，应结合具体机型分析

7. 共轨柴油机将共轨压力传感器插头拔掉，启动发动机能否着火？（　　）
   A. 不能着火　　　　B. 能着火　　　　C. 不一定，应结合具体机型分析

8. 共轨柴油机中共轨压力调节阀安装在共轨上，肯定是采用了（　　）调节共轨压力的方式。
   A. 高压端　　　　　B. 进油端　　　　C. 不确定

9. 共轨柴油机将进油计量电磁阀插头拔掉，启动发动机能否着火？（　　）
   A. 不能着火　　　　B. 能着火　　　　C. 不一定，应结合具体机型分析

10. 共轨柴油机将油门踏板位置传感器插头拔掉，启动发动机能否着火？（　　）
    A. 不能着火　　　　B. 能着火　　　　C. 不一定，应结合具体机型分析

11. 凸轮轴位置传感器的安装位置经常在（　　）。
    A. 缸盖上　　　　　B. 高压油泵上　　　C. 缸盖上或高压油泵上

12. 油门踏板位置传感器一般采用了双电位计式，信号1与信号2的输出电压一般满足下列关系（　　）。
    A. 1倍　　　　　B. 2倍　　　　　C. 3倍　　　　　D. 4倍

13. 曲轴位置及凸轮轴位置传感器为ECU提供喷油的基准信号，当两传感器同时失效时，发动机能否打着火？（　　）
    A. 能　　　　　　　B. 不能　　　　　　C. 不一定

14. 冷却液温度、机油温度及进气温度传感器一般采用了（　　）系数的热敏电阻制成。
    A. 正　　　　　　　B. 负　　　　　　　C. 不一定

15. 当冷却液温度、机油温度及进气温度传感器信号失效时，电控柴油机一般具有（　　）功能，发动机动力下降、转速受限。
    A. 热保护　　　　　B. 冷保护　　　　　C. 熄火　　　　　D. 不能启动

16. 增压压力传感器一般安装在（　　）位置。
    A. 空气滤清器与增压之间
    B. 增压器与进气歧管之间
    C. 无具体要求

17. 大气压力传感器一般安装在（　　）。
    A. 空气滤清器与增压器之间　　　　　B. 增压器与进气歧管之间
    C. 进气歧管上　　　　　　　　　　　D. ECU内

18. 当驾驶室仪表盘上的燃油含水率指示灯亮，说明（　　）。
    A. 发动机故障　　　B. 燃油滤清器堵塞　　C. 油水分离器内水面高度超过限定值

19. 目前，国Ⅲ共轨柴油机广泛采用了（　　）压力调节方式。

A. 进油端　　　　　　　B. 高压端　　　　　　　C. 不调节共轨压力

20. 目前，国Ⅲ柴油机 Bosch 共轨系统的喷油压力一般为多大？（　　）
A. 100MPa　　　　　　B. 500MPa　　　　　　C. 160MPa

21. Bosch 共轨系统判缸主要取用（　　）的信号。
A. 曲轴位置传感器　　　　　　　　　B. 凸轮轴位置传感器
C. 水温传感器　　　　　　　　　　　D. 油门踏板传感器

22. 状态均正常的玉柴国Ⅲ Delphi 发动机在怠速运行时，若将任一个转速传感器拔掉，则柴油机（　　）。
A. 停机　　　　　　　B. 降功率运转　　　　C. 怠速升高

23. 热保护策略不考虑的发动机参数为（　　）。
A. 冷却水温度　　　　B. 机油温度　　　　　C. 燃油温度　　　　　D. 进气温度

24. 发动机线束上连接传感器的 2 根接线不可以反接的是（　　）。
A. 冷却水温度传感器　　　　　　　　B. 燃油温度传感器
C. 曲轴转速传感器　　　　　　　　　D. 进气温度传感器

25. 布置发电机线束时，不考虑的因素为（　　）。
A. 隔热　　　　　　　B. 防水　　　　　　　C. 防噪声　　　　　　D. 防磨损

26. 电控发动机一般有根据需要自动提高怠速的功能，与之相关的传感器为（　　）。
A. 冷却水的温度　　　　　　　　　　B. 电子油门
C. 曲轴转速传感器　　　　　　　　　D. 凸轮轴位置传感器

27. 在柴油机中产生氮氧化物的两个重要条件是：（　　）。
A. 高温、富氧　　　　B. 高温、贫氧　　　　C. 低温、富氧　　　　D. 低温、贫氧

28. 共轨系统中的凸轮轴位置传感器大多是（　　）。
A. 双感应片霍尔效应式　　　　　　　B. 可变磁阻式
C. 压电陶瓷晶体传感器　　　　　　　D. 热敏电阻式

29. 长城风骏发动机的输油泵是采用（　　）形式的输油泵。
A. 叶片式　　　　　　B. 齿轮式　　　　　　C. 柱塞式　　　　　　D. 电子泵

30. 转速传感器与信号齿之间的空气间隙大于安装尺寸时，则（　　）。
A. 传感器输出电压低，不能启动
B. 传感器输出电压高，高速工作不正常
C. 传感器输出电压正常，发动机正常工作

31. 进油计量电磁阀广泛采用的是（　　）式。
A. 常开　　　　　　　B. 常闭　　　　　　　C. 常开或常闭

32. 喷油器电磁阀一般为低电阻，其电阻值一般为（　　）。
A. 0.2～0.4Ω　　　　B. 0.6～1.0Ω　　　　C. 1.0～2.0Ω　　　　D. 2.0～6.0Ω

三、判断题

1. 电控柴油机运转时可以拧松高压油管的接头来进行判缸。　　　　　　　　　（　　）
2. Bosch 共轨系统的燃油计量阀在断电情况下是全开，即常开型。　　　　　　（　　）
3. 欧Ⅲ发动机的滤清器可以用其他的滤清效果很好的欧Ⅱ滤清器代替。　　　　（　　）
4. 油路进空气后，要用启动电动机来带动发动机进行排空气。　　　　　　　　（　　）
5. 电控共轨高压泵是通过机油来润滑的。　　　　　　　　　　　　　　　　　（　　）

6. 线束上有些油没关系，只要没有水就可以了。原因是油不会引起短路。（　　）
7. 冷却水温度传感器采用热敏电阻式，应布置在冷却系统小循环水道内。（　　）
8. Delphi 高压共轨发动机的共轨管上有泄压阀组件可以提供共轨管超压保护。（　　）
9. 设置电控 EGR 系统的主要目的是减少 CO 的排放。（　　）
10. 设置电控 VGT 系统的主要目的是改善普通增压器的迟滞效应。（　　）
11. 当采用电动输油泵时，可以取消手油泵。（　　）
12. 当共轨压力采用高压端调节时，共轨压力调节阀一定在共轨上。（　　）
13. 共轨柴油机限压阀都是安装在共轨上。（　　）
14. 当共轨压力调节阀装在高压泵上，一定是高压端调节共轨压力。（　　）
15. 共轨上一定装有限压阀。（　　）
16. 曲轴位置传感器失效后，发动机一定打不着火或熄火。（　　）
17. 凸轮轴位置传感器失效后，发动机一定打不着火或熄火。（　　）
18. 油门踏板位置传感器失效后发动机能打着火但对发动机有影响，如高怠速、功率受限。（　　）
19. 共轨压力传感器失效后，发动机一定打不着火或熄火。（　　）
20. 电控欧Ⅲ发动机的供油提前角是随发动机转速和负荷的变化自动调整的。（　　）
21. 设置电控进气预热系统的主要目的除了改善启动性能外，还可改善启动时及着火后的排放性能。（　　）
22. 电控柴油机的 ECU 缺失常电源，发动机不能打火。（　　）
23. 电控柴油机的 ECU 缺失 ON 电源，发动机不能打火。（　　）
24. 商用车国Ⅲ柴油机 ECU 常常直接安装在气缸体上，基于散热之考虑，ECU 与气缸体之间设置了柴油冷却盒，利用柴油来给 ECU 冷却。（　　）
25. 电控柴油机因故更换喷油器总成或电控单元泵，是否可以直接更换而不需要其他的操作。（　　）
26. 国Ⅲ柴油机现普遍采用了电磁阀式喷油器，而 Bosch 第三代共轨系统（CRS3.0）已采用压电晶体喷油器。（　　）
27. 目前国Ⅲ柴油机中配套的单体泵，国产的主要厂家有亚新科南岳（衡阳）以及威特。（　　）
28. 国Ⅲ柴油机采用的电控单体泵系统，现普遍采用电控单体泵结合机械式喷油器，但国Ⅳ柴油机采用的是电控单体泵及电控喷油器，并且需结合排气后处理技术（SCR）。（　　）
29. 目前国Ⅲ柴油机中，安装共轨系统占大部分，共轨系统主要的生产厂家有 Bosch、Delphi 及 Denso 三家公司。（　　）

四、分析题

1. 电控柴油机的燃油滤清器为何普遍带油水分离器？
2. 共轨系统的输油泵常见的有哪两种形式？电动输油泵有何优点及缺点？安装位置在何处？
3. 低压油路如何放水？低压油路如何排空气？
4. 低压油路拆卸安装后需要排空气吗，GW2.8TC 发动机如何排空气？
5. 共轨上的流量限制阀有何作用？

6. 共轨柴油机安装限压阀的作用是什么？
7. 共轨柴油机喷油器修正码设置的目的是什么？
8. 共轨柴油机常用的传感器有哪些？
9. 安装电控柴油机的车辆一般安装了离合器开关，其作用是什么？
10. 电控柴油机设置燃油含水率传感器有何作用？
11. 部分国Ⅲ电控柴油机设置爆震传感器有何作用？
12. 共轨压力调节器可以采用进油端或高压端调节，试说明现采用进油端调节的优点有哪些？
13. Bosch 共轨系统常用的执行器有哪些？
14. 冷却液温度传感器、进气温度传感器及燃油温度传感器等失效，对电控柴油机有何影响？
15. 电控柴油机曲轴位置传感器的作用是什么？一般有哪三种形式？最常用的是哪一种？
16. 电控柴油机凸轮轴位置传感器的作用是什么？最常用的是哪一种形式？长城 GW2.8TC 电控发动机的凸轮轴位置传感器失效后发动机能否启动。
17. 电控柴油机电控油门踏板传感器的作用是什么？常用的有哪三种形式？
18. Bosch 共轨系统当凸轮轴位置传感器失效，发动机能否正常启动？简述其原理。

项目八 汽车自诊断系统及故障诊断设备介绍

知识目标

1. 了解自诊断系统的特点。
2. 熟悉自诊断系统的原理。

能力目标

了解自诊断系统的发展历史。

任务导入

从20世纪80年代起,美、日、欧等各大汽车制造企业开始在其生产的电喷汽车上配备OBD,初期的OBD没有自检功能。比OBD更先进的OBD-Ⅱ在20世纪90年代中期产生,美国汽车工程师协会(SAE)制定了一套标准规范,要求各汽车制造企业按照OBD-Ⅱ的标准提供统一的诊断模式,在20世纪90年代末期,进入北美市场的汽车都按照新标准设置OBD。

学习指引

OBD是英文On-Board Diagnostics的缩写,中文翻译为"车载自动诊断系统"。这个系统将从发动机的运行状况随时监控汽车是否尾气超标,一旦超标,会马上发出警示。当系统出现故障时,故障(MIL)灯或检查发动机(Check Engine)警告灯亮,同时动力总成控制模块(PCM)将故障信息存入存储器,通过一定的程序可以将故障码从PCM中读出。根据故障码的提示,维修人员能迅速准确地确定故障的性质和部位。

相关知识

一、汽车自诊断系统简介

(一)概述

汽车诊断(Vehicle Diagnosis)是指对汽车在不解体(或仅卸下个别零件)的条件下,

确定汽车的技术状况,查明故障部位及原因的检查。随着现代电子技术、计算机和通信技术的发展,汽车诊断技术已经由早期依赖于有经验的维修人员的"望闻问切",发展成为依靠各种先进的仪器设备,对汽车进行快速、安全、准确的不解体检测。

为了满足美国环保局(EPA)的排放标准,20世纪70年代和80年代初,汽车制造商开始采用电子控制燃油输送和点火系统,并发现配备空燃比控制系统的车辆如果排放污染超过管制值时,其氧传感器通常也有异常,由此逐渐衍生出设计一套可监控各排放控制元件的系统,以在早期发现可能超出污染标准的问题车辆。这就是车载诊断系统(On-Board Diagnostics,缩写为OBD)。OBD系统随时监控发动机工况以及尾气排放情况,当尾气超标或发动机出现异常后,车内仪表盘上的故障灯(MIL)或检查发动机灯(Check Engine)亮,同时动力总成控制模块(PCM)将故障信息存入存储器,通过一定的程序可以将故障码从PCM中读出。根据故障码,维修人员能迅速准确地确定故障的性质和部位。OBD-Ⅱ是20世纪90年代推出的新的ODB标准,几乎提供了完整的发动机控制,并监控底盘、车身和辅助设备,以及汽车的诊断控制网络。

(二)汽车诊断接口

OBD-Ⅱ的规范规定了标准的硬件接口——16针(2×8)的J1962插座(表8-1)。OBD-Ⅱ接口必须在方向盘2英尺范围内,一般在方向盘下。

表8-1 J1962标准插座

引脚号	功能	引脚号	功能
PIN1	为制造商预留	PIN2	SAE-J1850 BUS+
PIN3	为制造商预留	PIN4	车身接地
PIN5	信号接地	PIN6	CAN High
PIN7	ISO9141-2(KWP2000)K线	PIN8	为制造商预留
PIN9	为制造商预留	PIN10	SAE-J1850 BUS−
PIN11	为制造商预留	PIN12	为制造商预留
PIN13	为制造商预留	PIN14	CAN Low
PIN15	ISO9141-2(KWP2000)L线	PIN16	汽车蓄电池正极

(三)与汽车诊断有关的主要通信协议

20世纪90年代中期,为了规范车载网络的研究设计与生产应用,美国汽车工程师协会(SAE)下属的汽车网络委员会按照数据传输速率划分把车载网络分为Class A、Class B、Class C三个级别。

目前OBD使用的通信协议主要有5种:ISO9141、KWP2000、SAEJ1850(PWM)、SAEJ1850(VPW)、CAN。大部分车辆只实现了某一种协议,我们可以根据J1962插座上有哪些引脚来推断所使用的协议。下面对KWP2000、SAEJ1850(PWM)、SAEJ1850(VPW)和CAN进行简单的介绍。

1. KWP2000

KWP2000(Keyword Protocol 2000)是欧洲汽车领域广泛使用的一种车载诊断协议,该协议实现了一套完整的车载诊断服务,并且满足EOBD标准。

KWP2000最初是基于K线的诊断协议,由于K线物理层和数据链路层在网络管理和通信速率上的局限性，使得 K 线无法满足日趋复杂的车载诊断网络的需求。而 CAN 网络（Controller Area Network）由于其非破坏性的网络仲裁机制、较高的通信速率（可达 1Mbps）和灵活可靠的通信方式，在车载网络领域广受青睐，越来越多的汽车制造商把 CAN 总线应用于汽车控制、诊断和通信。近年来欧洲汽车领域广泛采用了基于 CAN 总线的 KWP2000，即 ISO 15765 协议，而基于 K 线的 KWP2000 物理层和数据链路层协议将逐步被淘汰。

（1）基于 K 线的 KWP2000 协议　基于 K 线的 KWP2000 协议波特率为 10.4kbps，用单线（K 线）通信，也可用双线（K 线和 L 线）通信，目前多用单线通信。K 线本质上是一种半双工串行通信总线。

基于 K 线的 KWP2000 协议的报文包括报文头、数据域和校验和三部分。

在开始诊断服务之前，诊断设备必须对 ECU 进行初始化，通过 ECU 的响应获取 ECU 的源地址、通信波特率、支持的报文头格式、定时参数等信息。ECU 所支持的报文头和定时参数信息包含在 ECU 返回的"关键字（Key Word）"中（这也是协议命名的由来）。关键字由两个字节构成。

诊断设备可以采用两种方式对 ECU 进行初始化——5Baud 初始化和快速初始化，对于这两种初始化的时序在数据链路层协议中均有明确规定。

（2）基于 CAN 总线的 KWP2000 协议　基于 CAN 总线的 KWP2000 协议是把 KWP2000 应用层的诊断服务移植到 CAN 总线上。数据链路层采用了 ISO 11898-1 协议，该协议是对 CAN2.0B 协议的进一步标准化和规范化；应用层采用了 ISO 15765-3 协议，该协议完全兼容基于 K 线的应用层协议 14230-3，并加入了 CAN 总线诊断功能组；网络层则采用 ISO 15765-2 协议，规定了网络层协议数据单元（N_PDU，如表 8-2 所示）与底层 CAN 数据帧以及上层 KWP2000 服务之间的映射关系，并且为长报文的多包数据传输过程提供了同步控制、顺序控制、流控制和错误恢复功能。

表 8-2　网络层协议数据单元（N_PDU）格式

地址信息	协议控制信息	数据域
N_AI	N_PCI	N_Data

2. SAE J1850

SAE J1850 协议有两种，J1850（脉宽调制编码方式 PWM——Pulse Width Modulation）和 J1850（可变脉宽调制编码方式 VPM——Variable Pulse Width Modulation）。它们所采用的编码方式不同，因此有着不同的物理层，但应用层和数据链路层相同。

SAE J1850 PWM 是福特公司采用的标准，采用双线传输，通信速率为 41.6kbps。

J1850 协议规定网络的最大节点数为 32 个（包含车内 ECU 和车外诊断设备）。车内的最大网络长度为 40m，车外最大网络长度为 5m。车外诊断设备最小等效电阻为 10.6kΩ，最大等效电容为 500pF。

3. CAN

CAN 总线是 20 世纪 80 年代才开始形成和发展的新一代总线技术。最初由 BOSCH 汽车公司提出。在 20 世纪 90 年代初，CAN 总线被提交作为国际标准。

CAN 总线协议是一种可以满足控制系统所需的中等通信速率的通信协议，尤其适用于车身功能和车辆舒适功能的管理，同样其较高的速率也可满足车辆内部系统功能管理的需求。

CAN 是为连接各个复杂通信系统为目的研发的，各电控单元按照总线-树型拓扑结构相互连接。CAN 能够使用多种物理介质，例如双绞线、光纤等，最常用的是双绞线。CAN 网络的传速速度最快可达 1Mbit/s。

CAN 网络中有两种不同的帧格式，标准帧格式和扩展帧格式，不同之处为标准帧为 11 位标识符，而扩展帧有 29 位标识符。

在 CAN 网络中有四种不同类型的帧：数据帧、远程帧、错误帧和过载帧。其中数据帧和远程帧可以使用标准和扩展两种格式。

CAN 协议具有以下特点。

① 多主：当总线空闲时，连接到总线上的各单元都可以开始发送消息。第一个开始发送消息的单元获得发送权。如果多个单元同时开始发送，具有最高优先级的单元获得发送权。

② 报文传输：所有的信息都按预定的格式传输。

③ 系统的灵活性：连接到总线上的单元没有类似于地址的识别信息。因此，当一个单元添加到总线上或从总线上移走时，不需要改变任何其他设备的软件、硬件或应用层。

④ 通信速度：可以设定为任意的通信速度以可适合网络的大小。但在一个网络中，所有单元必须使用统一的通信速度。

⑤ 远程数据请求：可以向其他单元发送"远程帧"请求数据传输。

⑥ 具有错误检测、错误通知和错误恢复功能。

⑦ 错误隔离：CAN 有区分暂时故障和持续故障的功能，这有助于降低易出故障的单元的优先级以防止阻碍正常单元的通信。

⑧ 连接：CAN 总线允许同时连接多个单元。然而，实际可以连到总线的单元数受电力负荷和延迟时间的限制。

在汽车诊断网络中，J2480 和 ISO15765 协议都是基于 CAN 的。包括 KWP2000、SAE J1850 等数据网络都逐渐被 CAN 网络所代替。

（四）车载诊断系统在中国

2005 年 4 月 5 日，国家环保总局发布批准《轻型汽车污染物排放限值及测量方法（中国Ⅲ、Ⅳ阶段）》（GB 18352.3—2005）等五项标准为国家污染物排放标准。OBD 作为强制性要求首次出现在我国的法规标准中。

此项标准是通过修改采用欧盟（EU）对 70/220/EEC 指令进行修订的 98/69/EC 指令以及随后截止到 2003/76/EC 的各项修订指令的有关技术内容产生的。主要的修改内容包括包含 M1 和 M2 类车型的分组、燃料的技术要求等 5 个方面，而 OBD 部分基本照搬了欧盟的标准（EOBD）。

（五）汽车诊断技术发展趋势

1. 发展中的 OBD-Ⅲ

OBD-Ⅱ虽然可以诊断出排放相关故障，但是无法保证驾驶者接受 MIL 的警告并对车辆故障及时修复。这就是下一代 OBD 系统要重点解决的问题。OBD-Ⅲ以无线传输故障信息为主要特征，能够利用小型车载无线收发系统，通过移动通信网络、卫星通信或者 GPS 系统将车辆的 VIN、故障码及所在位置等信息自动上报管理平台。管理部门根据该车辆排放问题的等级对其发出指令,包括去何处维修的建议、解决排放问题的时限等。这些信息可用于根据相关法规对造成过多排放污染的车辆所有者进行惩罚。

OBD-Ⅲ不仅需要相关通信技术、标准和法规的不断成熟,对OBD系统诊断功能本身的准确性和可靠性也是一个更高的要求。可以设想,随着OBD-Ⅲ的成熟和应用,将带来汽车诊断服务模式的巨大变革。

2. 对新的通信协议的支持

伴随着人们对汽车的安全、可靠和舒适性越来越高的要求,汽车总线技术也在迅速发展。新的更高通信速率、更可靠和更灵活的总线系统(如FlexRay、MOST)的出现,也必将推动汽车诊断技术的发展。

二、汽车解码器的工作原理

汽车解码器是汽修工程师的智慧结晶。汽车解码器又称汽车故障诊断仪,是专业的汽车维修、检测工具。它一般可分为两种,一种是针对车门中控的,主要运用于汽车遥控器的匹配与测试检修;另一种针对汽车发动机或电路故障等。

现代汽车上都安装着"汽车电脑",这个部件被称为"ECU"。解码器可以与汽车电脑进行互相通信交流各种信息,获取电脑工作的重要参数,从而获取行车数据记录、配钥匙、基本设定。一些针对性强的解码器甚至可以像医生一样,诊断出车辆哪些地方出现问题,辅助修车工人清除故障。

三、汽车解码器的功能

汽车故障电脑诊断仪俗称解码器,它的功能包括基本检测功能和特殊测试功能两部分。基本检测功能包括读取故障码和清除故障码。特殊测试功能包括动态数据流测试、执行器测试、功能设置、快速学习(自适应)、数据记录和动态波形显示等。

① 读取故障码。可将存储在车用电脑中的故障码和含义显示在屏幕上,以便阅读。

② 清除故障码。利用解码器,通过简单的操作即可清除存储在车用电脑上的故障码。

③ 数据流测试。利用解码器可对传感器和执行器的动态参数进行实时监测。例如发动机转速、节气门开度、喷油脉冲宽度、点火提前角、车速以及急速开关、空调开关、继电器、变速器挡位状态等。

④ 动作元件测试。利用解码器可通过车用电脑向执行元件发出指令,并执行相应动作。例如喷油器喷油、节气门打开、散热器风扇运转等。

⑤ 系统匹配。利用解码器可对汽车电子控制系统进行基本调整和设置。例如发动机的急速设定、节气门开度的初始化、匹配钥匙等。

⑥ 电脑编码。解码器具有万用表、示波器、汽车维修资料库、打印输出和网络升级等功能。解码器的功能随测试软件的版本而异,也随被测车系和年款不同而不同。有的能检测几个系统,有的能检测一个系统。

四、解码器使用时注意事项

解码器大都随机带有使用手册,按照说明极易操作。一般来说,大体上有以下几步:在车上找到诊断座;选用相应的诊断接头;弄清车型,进入相应车型的诊断系统;进入要诊断的模块（ABS，ENG，A/T，C/C，SRS等）；读码，诊断，清码。但是维修人员在使用中还有一些需注意的地方，下面作一些说明。

① 自诊断系统只能监视电控系统电路。这包含两点：其一，如果故障不属于电路，检测仪不能检测，因此对发动机，要分清是机械故障还是电路故障，尤其对于自动变速箱，要分清是机械、油路还是电路的故障；其二，不属于电控系统的电路故障，检测仪不能检测，比如启动系、充电系、点火系的高压电路，一般不属于电控系统，因而不能检测。

② 自诊断系统一般只能监视信号的范围，不能监视传感器特性的变化。因而如果只是信号的特性发生了变化，并不能产生故障码。例如，发动机冷却液传感器的阻值有一个正常的工作范围，一旦阻值超出此范围，自诊断系统马上会产生故障码；但是假如该传感器的特性（指温度和阻值的对应关系）发生变化，但阻值依然在此范围内，发动机会工作不良，故障指示灯却并不会亮，仪器当然读不出故障。维修人员不应因为无故障码，就认为肯定无故障，以免走弯路。一般地，自诊断系统所诊断的为电路短路、开路、接触不良、串线等故障。

③ 自诊断系统监视的往往是某一电路，而非某一元件，如某传感器相应线路故障、某电磁阀相应线路故障。所以如果检测仪显示的是"进气温度传感器故障"，实际上指该传感器相应电路故障，包括进气温度传感器、进气温度传感器与微电脑ECU间的连线（含插头和插座）、进气温度传感器的接地以及微电脑ECU和其供电、接地情况。一些维修人员对故障码所揭示的故障范围不甚清楚，以致只按所提示的故障码含义的字面含义来检修，必然会走弯路。

④ 有故障码并不一定有相应电路故障。比如历史性故障，指故障已经消失，但尚未清除掉的故障码。例如，维修人员虽然排除了故障，但并未进行消码，这样故障码就依然在汽车ECU的随机存储器（RAM）中；或者，在发动机运行或点火开关打开的情况下，维修人员拔插相关电路的器件和插头，自诊断系统记下了这时的故障码。有时碰到故障码显示几个缸的喷油器都有故障，可能就是这种情况。所以，一般不急于按故障码来检修，而是消码、运行、再测试，第二次读出的码才真正说明有无故障。当然，第一次消码前别忘了记下故障码，因为某些故障码的产生情况难以再现，因此第二次读出的故障码或许会漏掉一些故障迹象。故障码反映了系统存在故障，但实际上并非相应电路的故障。例如，故障码显示"氧传感器故障"，可能并非氧传感器的电路有故障，而可能是油气供给系统有故障，使混合气太浓（稀），导致氧传感器信号超出了正常的电压范围，使自诊断系统记下了故障码；又如"进气压力传感器"可能反映的是进气气路的故障，而非其电路的故障。所以，从这点上看，根据故障码检查，也不可局限于电路，必要时还要考虑机械、气路等部分。

⑤ 要善于运用仪器的动态测试（KOER）功能。有些情况故障码不一定能反映出来，但有经验的维修人员可以通过动态数据流来发现。例如，动态测试中有的可以用曲线反映节气门的开度情况，缓缓匀速地踩下节气门时，应该有近似直线的图形显示，否则与节气门相关的方面可能有问题；动态测试中往往有点火提前角的显示，点火提前角应该随着节气门的开度或发动机转速的变化而增大或减少等等。

⑥ 如果故障灯亮，却读不出故障码，则可检查故障灯电路有无搭铁。一般地，自诊断系统发现故障时，通常是ECU内部搭铁有问题。当然诊断座与ECU之间的通信或许有问题；也不排除仪器存在问题。总之，使用电脑检测仪，维修人员可以快速、方便、准确地定位故障，从而顺利地排除故障。

五、解码器的优缺点

1. 优点

① 使用方便,数据可靠准确。
② 可以直接与汽车电脑互相交流信息。
③ 利用解码器可以得到一些强大的诊断功能:行车数据记录、配钥匙、基本设定。

2. 缺点

① 需要定期升级,维护费用高。
② 在检查机械部分故障时,解码器就很难发挥作用。
③ 数据信息并不总是很可靠。
④ 利用解码器进行检查时,很容易出现对DTC故障码的不理解或误解。
⑤ 在检查非PCM控制部分的故障时,解码器并不是很有用。
⑥ 当汽车无法提供数据或数据无法取出时,解码器就无法发挥作用。

六、解码器的操作使用方法

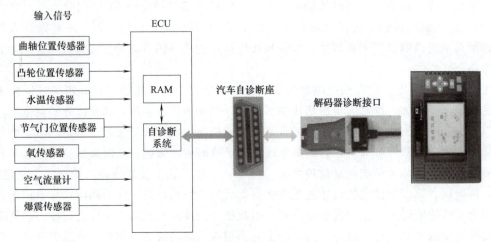

图 8-1　自诊断座与解码器诊断接口

1. 自诊断座与解码器诊断接口（图 8-1）

自诊断座是现代电控汽车上用来诊断故障的接口,自诊断座的端子直接与汽车电脑相连。解码器利用诊断接口与汽车自诊断座匹配相连,进行互相交流数据。

各车型自诊断座接口的形状、安装位置各不相同,使得解码器的诊断接口也各不相同。

图 8-2 所示为尼桑风度自诊断座与解码器诊断接口。

2. 解码器主要功能

（1）方便而可靠读取故障码　仪器读取,连接好就可以按照提示自动读取。

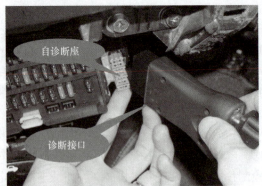

图 8-2　尼桑风度自诊断座与解码器诊断接口

（2）读取动态数据流（图 8-3） 解码器通过与汽车电脑交流通信，可以随时取得电脑内部运行的重要参数，把电脑传送来的一系列参数称为数据流。

数据流的长度与数目，因生产厂家、年份、型号、发动机、燃油系统、点火方式、排放净化设备和在解码器上选定的数据列的不同而不同。

（3）元件动作测试 解码器通过汽车电脑直接发出指令向汽车的执行器（线圈元件，如各种电磁阀、喷油器等）开始动作，通过判断元件响应动作情况，可以判断元件是否工作正常。

响应动作：声音、运行快慢等。

如没有相应的响应动作就说明该元件或回路有问题。

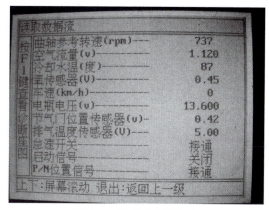

图 8-3　读取动态数据流

（4）其他辅助功能

① 防盗。

② 基本设定。

③ 辅助系统：ABS、SRS、AT。

七、汽车故障码的诊断程序及金德 K81 解码器的操作程序

（一）注意事项

① 启动发动机时，蓄电池电压不低于 12V。

② 启动发动机时，节气门处于全闭状态。

③ 启动发动机时，将变速杆拉置 P 挡或 N 挡位置。

④ 启动发动机时，关闭空调及灯光等大功率用电设备。

⑤ 检查故障接拔插件时，关闭点火开关。

⑥ 测量传感器及线路电阻值时应关闭点火开关。

⑦ 测量电源电压或信号电压时打开点火开关或启动发动机。

⑧ 启动发动机时，注意启动机的使用。启动时间不超过 5s 以上，连续启动三次仍不能正常着火，应间隔 15s。

（二）诊断及操作程序

① 连接 OBDⅡ诊断插座。

② 打开点火开关。

③ 打开解码器电源开关。

④ 点击汽车诊断按键。

⑤ 点击大众车标按键。

⑥ 点击选择系统按键。

⑦ 点击发动机 1 按键。

⑧ 点击任意键。

⑨ 读取故障码，点击 Esc 按键（返回），点击清除故障码键（清除历史性故障码或偶发

性故障码)。
⑩ 点击 Esc 按键(返回)。
⑪ 点击读取故障码按键,看系统是否正常。
⑫ 点击 Esc 按键(返回)至选择系统发动机页面。
⑬ 打开点火开关,启动发动机(能启动,运转发动机看现象;不能启动,启动时间必须达 5s);
⑭ 熄火,并打开点火开关,重复⑥、⑦、⑩步骤。
⑮ 读取并记录故障码。
⑯ 点击 Esc 按键(返回)至选择系统发动机页面。
⑰ 查找故障点,排除故障,并复查故障点。
⑱ 再次启动发动机;重复⑥~⑩步骤,直到系统正常。
⑲ 点击 Esc 按键(返回)至首页并关闭解码器电源开关。
⑳ 关闭点火开关。

任务实施

任务 1　解码器读取清除故障码

任务准备

① 设备:发动机故障实验台,汽车故障诊断中心,进口或国产故障诊断仪。
② 教具:发动机教学挂图一套。

实施步骤

有一辆科鲁兹轿车发动机发生了故障,进入维修厂进行维修,维修工检查发现仪表板上故障指示灯常亮。

1. 自诊断系统(OBD)

自诊断系统安装在电脑内部,能对发动机电控系统进行自我诊断。维修人员通过自诊断系统读出电脑内部的故障数据,就可以确定故障的范围。

OBD 系统配有诊断接口(图 8-4)。
① 诊断接口符号为 DLC。
② 诊断接口一般在驾驶员侧仪表板下方。
诊断接口形状为梯形,有 16 个端子,其中 4♯,7♯,16♯为基本端子。
利用解码器进入自诊断系统,读取故障码,可以快速确定故障部位。
解码器面板如图 8-5 所示。
当 ECU 判定系统存在故障时,ECU 自动储存相应的故障码。汽车电脑断电,存储的故障码会丢失。在读取故障码之前,不能随意断开蓄电池电源。

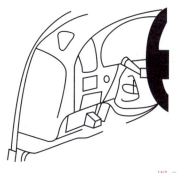 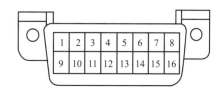

图 8-4　诊断接口

2. 读取故障码

① 基础检查。检查蓄电池电压在 11V 以上，变速器换入 P 挡或空挡，拉紧手刹，关闭各用电设备，节气门处于怠速位置。

② 找到诊断座（图 8-6），用数据线连接解码器。

③ 打开汽车点火开关。

④ 打开解码器电源开关。

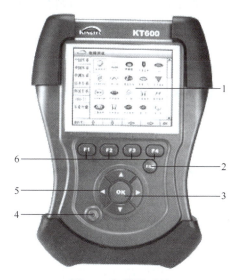 

图 8-5　解码器面板

1—触摸屏；2—返回键；3—确认键；
4—电源开关；5—方向键；6—功能键

图 8-6　诊断座位置

⑤ 按程序进入发动机电控系统，读取故障码。

⑥ 记录故障码。

⑦ 恢复仪器设备。返回到开机界面，关闭电源，关闭点火开关，取下仪器，放回仪器。

操作注意事项：

① 操作仔细规范，避免造成设备损坏。

② 注意做好安全防护措施，注意"三不落地"。

③ 执行实训室 6S 管理规定。

任务 2　解码器读取数据流

任务准备

① 设备：发动机故障实验台，汽车故障诊断中心，进口或国产故障诊断仪。
② 教具：发动机教学挂图一套。

实施步骤

在对装有电控燃油喷射系统的发动机进行维修时，使用故障诊断仪对发动机电控单元 ECU 进行检测，并根据 ECU 存储的故障代码进行检修，多数情况下能判明故障可能发生的原因和部位，这给维修人员的工作带来很大的方便。然而，在对汽车维修时，若仅仅靠故障代码寻找故障，往往会出现判断上的失误。实际上，故障代码仅仅是 ECU 认可或否的界定结论，不一定是汽车真正的故障部位。因此，在对汽车进行维修时应综合分析判断，结合汽车故障的现象来寻找故障部位。并且有很多故障是不被 ECU 所记录的，也就不会有故障代码输出，遇到这种情况时，该如何处理呢？现在最为可行的办法就是使用故障诊断仪进行数据流的检测，动态研究发动机工作状况，从而找出故障所在。

1. 读取数据流的方法

从 1996 以后生产的汽车都必须安装第 2 代随车诊断系统（OBD-Ⅱ），采用了同一故障诊断标准，买一台解码器就可对多种车型进行解码和调取数据。

（1）读取数据流的方法

a. 将解码器或检测仪与发动机数据连接器接上，选择车型。

b. 先读取发动机 ECU 内已存储的故障码。

c. 清除故障码和发动机 ECU 冻结帧。

d. 在发动机工作情况下，按确定的顺序有选择地动态读取数据，例如计算的负荷值（负荷率）、发动机转速、短时间内和长时间内燃油修整次数、喷油器脉宽、燃油系统压力（有些车型上）、车速、发动机冷却液温度、进气管绝对压力、开环/闭环状态、怠速空气控制阀（IAC）状态、间歇不点火故障码等。

e. 将读取的数据与标准数据进行对比（解码器内有标准数据可参考）。

（2）判断发动机正常工作状况的主要参数　发动机正常工作时数据流主要参数如下。

a. 车辆已经工作几小时以后，发动机冷却水温度（ECT）与进气温度一样。

b. 怠速空气控制阀被控制在指定的范围内，节气门开度应与发动机负荷状态相匹配。

c. 氧传感器信号电压应与喷油脉宽的变化相对应。氧传感器工作正常，有时信号电压低于 200mV（说明混合气稀），有时信号电压高于 800mV（说明混合气浓）。

当发动机处于闭环控制，混合气在浓和稀之间反复调整时，氧传感器信号电压应上下波动，同时喷油脉宽也应增大或减小反复变化。

d. 动态测试中点火提前角应该随着节气门的开度或发动机转速的变化而增大或减小。

e. 进气歧管真空度的变化应与发动机负荷状况、节气门开度相匹配。

2. 利用动态数据流分析发动机故障的实例

(1) 日产风度轿车高速公路行驶突然熄火故障

一辆 1995 年款的日产风度 2.0G 轿车，装备 A33 型发动机，行驶里程 7 万至 8 万公里。该车在高速公路上行驶时突然熄火，被拖至维修厂进行维修。

首先检测电动燃油泵、点火系统、进气歧管真空，都正常；读取发动机故障码，解码器显示无故障码。启动发动机，发动机虽能够启动，但几秒钟后就自动熄火。原地启动后运转的几秒钟内，用元征 431 读取发动机数据流，捕捉到的数据流见表 8-3。

水温相当于 69℃、转速为 812r/min、节气门开度为 4°、热氧传感器电压为 0.1～0.9V、喷油脉宽从启动时的 4.0ms 下降到 1.4ms 左右时发动机熄火。

分析以上测得的数据流可知：发动机能够启动且点火提前角为 12°，说明点火正时及点火系统无问题；其他如节气门位置传感器和热氧传感器等数据也正常。不正常的数据有喷油脉宽，从 4.0ms 下降到 1.4ms，导致发动机熄火。喷油脉宽下降有两种可能的原因，一种是油路系统有问题；另一种是气路系统有问题。

表 8-3 日产风度发动机数据流

项目	第 1 次	第 2 次	第 3 次	第 4 次
节气门位置传感器(TPS)/(°)	4	4	4	4
空气流量计(MAF)/V	1.3	1.3	1.3	1.3
冷却液温度传感器(ECT)/V	0.5	0.5	0.5	0.5
喷油脉宽(INJ)/ms	4.0	3.0	2.5	1.4
氧传感器(OX)/V	0.8	0.6	0.3	0.1
转速/(r/min)	812	813	812	813

接着检查油路系统，油路系统正常，说明故障应在气路系统中。发动机 ECU 根据空气流量计提供的数据和转速值确定基本的喷油量。然后由执行器（喷油器）以一定的脉宽喷入进气歧管与空气混合，形成一定浓度的混合气。据此分析，喷油脉宽下降应为空气流量计发生故障所致。

风度 A33 空气流量计的型号是 22680-AD210，为热膜式。该空气流量计在维修手册指定的正常工作范围为 1.2～1.8V，但实际维修过程中正常工作范围为 1.0～1.28V。因此根据实际工作经验得出，信号电压高于 1.28V 时，常用的 A33 空气流量计自带信号检测电路中的集成芯片容易损坏，造成 ECU 误控制。

用发动机 ECU 具有"应急备用"功能（当电控发动机某些传感器损坏时，发动机 ECU 会自行按某一工况处理，保证汽车能够行驶，以便到维修厂维修，也称作"回家功能"的特点），断开点火开关，拔掉空气流量计插头（该车拔掉空气流量计后的现象为怠速不稳或加速无力），使发动机按应急模式运行。启动发动机，发动机运转正常且不熄火，但加速无力，符合设定工况，故可断定确为空气流量计损坏。更换，故障排除。

(2) 捷达前卫轿车怠速过低故障

一辆 2002 年产捷达前卫轿车，在行驶中出现加速不良现象。接车后，先验证故障现象，观察到怠速时发动机运转有轻微抖动，原地空踩油门，各工况好像都正常，无顿车现象。随后进行路试，慢踩油门踏板，加速性能还可以。急加速时，有顿车现象产生。

依据故障现象,初步判断故障区域是在油路上。发动机无负荷状态下,加速性能尚可,但负荷状态下有顿车现象,多属混合气过稀故障。进行燃油压力检测,汽油泵及燃油压力调节器工作正常。读取发动机故障码,解码器显示无故障码。

进入发动机动态数据流测试,怠速转速为850r/min时,水温为88℃,节气门开度为6°,进气绝对压力为32kPa,喷油脉宽为5.6 ms,氧传感器信号电压为0.3V左右。其测试值与正常值对比见表8-4。从以上数据流中,可以看出有下列几项数据异常。

表8-4 捷达前卫轿车数据流对比

项 目	正 常 值	测 试 值
节气门位置传感器(TPS)/(°)	2~5	6
空气流量计(MAF)/V	29.6~60.3	32
冷却液温度传感器(ECT)/V	80~110	88
喷油脉宽(INJ)/ms	2.0~5.0	5.6
氧传感器(OX)/V	0.1~0.9	0.3
转速/(r/min)	800~880	850

a. 节气门开度为6°,说明节气门体脏污,正常值一般为5°以下。
b. 喷油脉宽5.6ms,说明怠速状态下喷油量过大。
c. 氧传感器信号电压0.3V,则说明混合气过稀。

从理论上分析,从喷油脉宽及氧传感器信号电压数值上分析,似乎有点自相矛盾。因为氧传感器信号电压低,表示混合气过稀;喷油脉宽增大,会导致喷油量加大,混合气应过浓,氧传感器信号电压应大于0.45V以上。但从故障现象上分析,还是混合气过稀所致。为了验证究竟是喷油脉宽增大,还是氧传感器"谎报军情",拔下进气歧管上的真空管,把化油器清洗剂喷入进气管内,即人为地加浓混合气,此时观察到数据流中的氧传感器信号电压迅速上升到0.8V左右,显然氧传感器能正确反映混合气的浓度。

如果真空密封系统漏气,也会导致混合气过稀,氧传感器得知这一信号后,反馈给发动机ECU,加大喷油脉宽。由于氧传感器修正喷油量有一定的范围,超过修正极限,也无能为力。假如真空进气系统大量漏气,就符合这种情形。遂接上真空表,怠速时真空表读数为68kPa,表针指示平稳,显然真空密封系统无漏气故障。

最后考虑到喷油器脏污堵塞,也会引起喷油量不足,造成氧传感器检测到混合气过稀,反馈到发动机控制单元。控制单元得到这一信息后,不断地加大喷油脉宽,当喷油器脏污堵塞较严重时,混合气极度偏稀,超过了氧传感器调节范围时,也就无法修正喷油量。拆下4个喷油器,上测试台并进行超声波清洗。因数据流中显示节气门开度为6°,表明有脏污,对节气门体也进行了清洗。

随后用诊断仪对怠速系统进行自适应值的消除与匹配。闭合点火开关,但不要启动发动机,连接检测仪,选择"发动机系统"→选择读取故障码→确认没有故障码储存。选择系统基本调整输入通道号060,当屏幕显示区4显示 ADP OK(自适应正常)时,即基本设定完成,按"退出"键完成设定。

应车主的要求进行路试,急踩油门时,各工况下加速性能均良好,无顿车现象,故障彻底排除。

项目八 汽车自诊断系统及故障诊断设备介绍

3. 结论

应该指出的是,有时在用仪器读取故障码时,系统显示无故障码,往往会给人造成一种电控系统正常的错觉,在这种情况下,只有通过观察和分析发动机数据流后,才能确定电控系统各部件的优劣,从而排除一些可能性,快速地确定故障范围。

任务 3　解码器观察波形

任务准备

① 设备:发动机故障实验台,汽车故障诊断中心,进口或国产故障诊断仪。
② 教具:发动机教学挂图一套。

实施步骤

随着汽车电子信息技术的迅速发展,汽车上装用的电子设备越来越多,这就对今天的汽车故障诊断提出了新的挑战。如何快速、准确地诊断出汽车电子控制系统的故障,是现代许多汽车维修人员面临的一个难题。

1. 故障检测诊断方式

汽车的电路故障诊断大致有 4 种方式,即万用表诊断、故障码诊断、数据流分析和波形分析。

2. 存在的问题

目前,我国汽修行业对解码器的使用已非常普遍,大多数维修人员都掌握了利用解码器对汽车进行故障诊断。但是,诊断汽车故障只有解码器是不够的。有维修经验的人都知道,绝大部分的解码器只能解决当仪表盘上的"故障灯"亮时系统监测到的故障,但问题的难点是系统"故障灯"不亮而汽车仍有故障的情况,如汽车电子控制系统中的传感器和执行器在长时间的使用过程中会磨损、腐蚀、变形和老化,它们的性能则随之变差,此时电控单元往往就不能判定它们有故障。另外,即使"故障灯"亮时用解码器读出了故障码,也很难判断一个复杂系统的故障部位,如丰田汽车 14 号故障码为点火系统故障,而点火系统由很多零部件组成,因此很难确定故障的部位。此时利用检测设备中的示波器功能对所怀疑部件进行波形测试,便可使维修人员快速了解被检测部件的工作性能,从而快速找到故障零部件。

3. 波形分析法概念

波形分析法就是利用汽车示波器获得汽车电子控制系统中的传感器、执行器等电子设备的波形信号(即电压随时间变化的电信号),然后把这些实测信号与这些电子设备的正常波形信号进行对比,分析找出其中的差异,最后操作者根据自己的理论知识找出故障发生部位的方法。利用检测设备中的示波器功能不仅可以快速捕捉汽车电路信号,还可以用较慢的速度来显示这些波形信号,以便我们一面观察,一面分析。此外,汽车示波器还具有存储功能,可以显示已发生过的信号波形,这就为我们分析判断故障提供了极大方便。

4. 故障诊断机理

汽车电子控制系统的工作原理是电控单元通过接收各个传感器输入的电子信号,识别其电子信号特征,并依据 CPU 内存信息和这些电子信号特征来控制不同的执行器动作,从而保证汽车的正常运转。当某些电子信号发生异常时,表明汽车存在着与之相对应的某些故障,因此可以通过汽车示波器检测这些电子信号,并分析其信号特征变化来进行汽车故障的诊断。

(1) 信号的类型　当今汽车系统中存在 5 种基本类型的电子信号,把这 5 种基本的汽车电子信号称为"5 要素"。"5 要素"可以看成是控制系统中各个传感器、控制单元和其他设备之间相互通信的基本语言,它们有各自不同的特点,构成用于不同通信的目的。

① 直流信号。直流电压信号主要有蓄电池电压或控制电脑输出的传感器参考电压。传感器信号主要有发动机冷却水温度传感器、燃油温度传感器、进气温度传感器、节气门位置传感器、废气再循环控制阀位置传感器、翼板式或热线式空气流量计、真空和节气门开关,以及通用汽车、克莱斯勒汽车和亚洲汽车的进气压力传感器。

② 交流信号。在汽车中产生交流信号的传感器和装置有:车速传感器、ABS 轮速传感器、爆震传感器、磁电式曲轴转角和凸轮轴转角传感器。

③ 频率调制信号。在汽车中产生可变频率信号的传感器和装置有:数字式空气流量计、福特数字式进气压力传感器、光电式车速传感器、霍尔式车速传感器、光电式凸轮轴和曲轴转角传感器、霍尔式凸轮轴和曲轴转角传感器。

④ 脉宽调制信号。在汽车中产生脉宽调制信号的电路或装置有:初级点火线圈、电子点火正时电路、废气再循环控制阀、涡轮增压和其他控制电磁阀、喷油嘴、怠速控制马达等。

⑤ 串行数据信号。串行数据信号是汽车中具备自诊断能力和其他串行数据传送能力的控制模块所发出的信号。串行数据一般由发动机控制模块、车身控制模块和制动防抱死控制模块产生。

(2) 信号的判定依据　汽车发动机电控单元是通过分辨各类电子信号的特征来识别各个传感器输入的各种信息,并依据这些特征来发出各种命令,指挥不同的执行器动作。当这些电子信号的特征发生变化时,电控单元即可诊断出汽车的故障部位。把这些汽车电子信号的基本特征——幅度、频率、脉冲宽度、形状和陈列,称为 5 种判定依据,具体内容如下。

① 幅度。电子信号在一定点上的瞬时电压。

② 频率。信号的循环时间,即电子信号在两个事件或循环之间的时间,一般指每秒的循环次数(Hz)。

③ 脉冲宽度。电子信号所占的时间或占空比。

④ 形状。电子信号的外形特征,如它的曲线、轮廓、上升沿、下降沿等。

⑤ 陈列。组成专门信息信号的重复方式,如同步脉冲或串行数据等。

(3) 波形分析法诊断机理　汽车中的每个电子信号都可以用 5 种判定依据中的一个或多个特征组成。电子信号类型与判定依据之间的关系如表 8-5 所示。每个电子信号必然与一个或多个判定依据相对应，以帮助计算机系统确认是什么类型的电子信号。

表 8-5　电子信号类型与判定依据的关系

信号类型	判定依据				
	幅度	频率	形状	脉冲宽度	阵列
直流	√				
交流	√	√	√		
频率调制	√	√	√		
脉宽调制	√	√	√	√	
串行数据	√	√	√	√	√

为了使汽车的计算机系统功能正常，必须去测量用于通信的电子信号，即用汽车示波器去"截听"汽车计算机中的电子对话。当汽车中的传感器、执行器或电路从正常状态突变到故障状态时，它们在汽车示波器上显示的波形几乎总是在它的 5 种判定依据上发生剧烈的变化，这就是为什么可用汽车示波器对汽车故障进行诊断，从而确定其故障部位的重要原因。

5. 故障示例

（1）发动机怠速不稳、点火波形异常

① 故障现象　一辆奥迪 100V6 轿车，发动机怠速运转时抖动，行驶时加速无力，尾气中伴有汽油味。

② 故障诊断与排除　首先将大众公司专用故障诊断仪 V.A.G1551 连接在发动机故障诊断插头上，闭合点火开关，选择地址码"01"进入发动机电控系统，确认后按下功能键"02"读取发动机电控系统故障码，结果仪器显示发动机电控系统无故障，这说明电控系统正常或有故障而设备检测不到。

其次把汽车专用示波器 ESCORT-32SC/328C 的信号钳夹到发动机各缸的高压线上，启动发动机怠速运转，测试点火系统的次级点火波形，结果发现 2 缸的点火波形如图 8-7 所示，与发动机的单缸标准波形图 8-8 相比，存在着较大的差距，这说明 2 缸的火花塞有故障，更换后试车，故障排除。

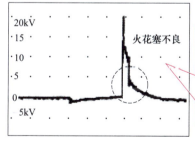

图 8-7　实测的 2 缸点火波形及故障特征

③ 故障分析　发动机怠速不稳是发动机故障中出现概率较高的故障，从理论上分析导致怠速不稳的故障原因很多，如进气系统故障、喷油系统故障、怠速控制系统故障和点火系统故障等，而用汽车示波器直接观察点火波形，可以在很少拆卸的情况下迅速找到故障部位，避免走许多弯路。

（2）制动振抖、轮速传感器性能异常

① 故障现象　一辆桑塔纳 2000GSI 型轿车，在低速行驶制动时，制动踏板回弹振动强

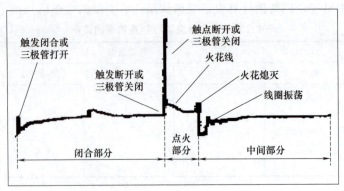

图 8-8 发动机的单缸标准波形

烈,并且制动距离明显增长,有时制动警告灯常亮。

② 故障诊断与排除　首先用大众公司专用故障诊断仪 V.A.G1551 读取电控单元内存储的故障码,结果为偶发性右前轮轮速传感器信号不良,清除故障码后试车,故障现象依旧,但无故障码输出。其次用汽车专用万用表检测其右前轮轮速传感器及线路,阻值正常。试车读取数据流,轮速传感器输出差值正常。随后检查传感器间隙,发现正常,传感器头干净。经过上述检查后,没有找到故障部位,维修陷入僵局。考虑到曾读出右前轮轮速传感器偶发性故障码,因此用汽车专用示波器 ESCORT-32SC/328C 测试其右前轮轮速传感器输出信号,并继续路试。轮速传感器输出的标准波形如图 8-9 所示,其信号的频率与速度成正比,即随着车速的加快而增加。路试时使汽车以 30km/h 的车速匀速行驶,观测并记录到轮速传感器的实测波形如图 8-10 所示。与标准波形图 8-9 相比较,输出波形正常。当把车速降到 10km/h 测试时,突然出现了实测波形与标准波形不一致的现象,传感器输出信号出现偶然中断现象,因此确定该传感器性能不良,更换后试车,故障排除。

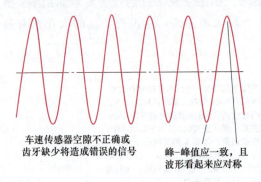

图 8-9　轮速传感器的输出标准波形

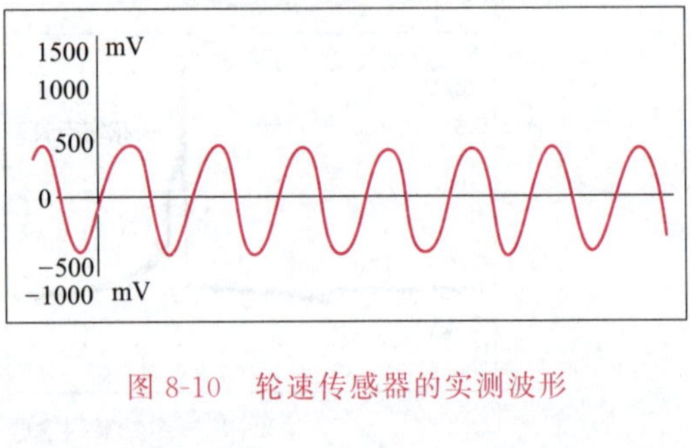

图 8-10　轮速传感器的实测波形

③ 故障分析　该车低速行驶制动时,由于出现传感器输出信号中断,ABS 电控单元检测到错误信号,认为右前轮已抱死,回油泵开始工作,导致踏板振抖,制动性能降。

(3) 一辆较早生产的克莱斯勒乘用车,其发动机在怠速时有抖动现象

用故障检测仪检查时未发现故障,对其油、电路仔细检查时也未发现故障,但在用示波器对所怀疑部件进行波形分析时发现,曲轴位置传感器输出信号的波形不规则,且偶尔还有间断的现象。在确定曲轴位置传感器工作性能及其电路良好后,初步断定故障在曲轴位置传感器的信号触发轮上。进一步检查表明,该车曲轴位置传感器的信号触发轮松动。在固定该

信号触发轮后,故障排除。

(4) 一辆刚行驶了 5000km 的 EQ7200-Ⅱ型风神蓝鸟乘用车,其发动机怠速时工作不稳定,行车中松开加速踏板时发动机有时会熄火。

用专用故障检测仪读取故障代码时,未读得故障代码;数据流读数显示,除氧传感器信号电压始终在 0.7V 和 0.9V 之间波动外,其他参数(喷油器控制信号宽度、空气质量、节气门开度和点火提前角等)值完全正常。氧传感器提供的信号电压表明,发动机始终在混合气过浓的状态下运行。对尾气的检测也证实了这一点(HC 的体积分数超过 10000×10^{-6},而 CO 的体积分数为 4.6%)。

根据这一情况,首先检查了燃油压力,在发动机怠速时燃油压力为 250kPa,即燃油压力正常;然后用汽车示波器检查了各缸喷油器的控制信号,发现第 4 缸喷油器的控制信号波形(图 8-11)在发动机每次启动后均异常(在喷油器停止喷油时没有由喷油器线圈磁场的衰减而产生的峰值电压)。在通过随后的检测确认第 4 缸喷油器、电源电路和控制电路无故障的条件下,判定该乘用车的 PCM 有故障,于是决定拆检 PCM。在拆检 PCM 时发现在电路板上有许多水珠。在对电路板进行吹风干燥处理并重新装复后,故障现象消失。

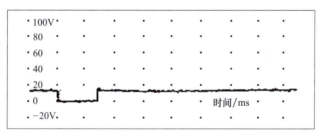

图 8-11 第 4 缸喷油器的控制信号波形

通过上述实例可以看出,波形分析法是诊断汽车电控系统故障的一种非常直观、重要的方法,它是继故障码分析、数据流分析之后的一种新型汽车诊断方式。相信随着汽车维修人员素质的不断提高,它必将在现代汽车维修中扮演着越来越重要的角色。

小 结

一般装有微处理器控制单元的汽车,都具有故障自诊断系统。可以用它来对汽车内传动系统、控制系统各部分工作状态进行自动检查和监测。当汽车出现故障时,装在仪表板上的故障指示灯就会闪亮以警告车主汽车可能出问题了。

汽车诊断设备是一类专门针对汽车检测的专业仪器,可实时检测车辆的性能,并对车辆故障进行检测,是检测车辆必备的一种工具。

复习思考题

一、判断题

1. 电控发动机无故障码说明发动机一切正常。 ( )
2. 在进行加热实验时可以对发动机控制模块中的元器件进行加热。 ( )
3. 在点火开关接通时,不允许拆开任何 12V 电器装置的连接线路。 ( )
4. 无论是指针式万用表或数字式万用表均可以对电控发动机进行电阻、电压及电流的

数据测量。　　　　　　　　　　　　　　　　　　　　　　　　　　　(　　)
　　5. 对装用第二代随车诊断系统OBD-Ⅱ的汽车，只需一台仪器即可调出各汽车制造公司生产的各型汽车故障码。　　　　　　　　　　　　　　　　　　　　　(　　)
　　6. 电脑诊断仪V.A.G1552是一种通用解码器，可适用于任何车型。　　(　　)
　　7. 只有当电源被切断后，才可以拆下或插上电脑诊断仪上的程序卡。　(　　)
　　8. 利用解码器可准确判断具体的故障部位。　　　　　　　　　　　　(　　)
　　9. 示波器有模拟式和数字式两种，但只有数字式可以用于汽车检测。　(　　)
　　10. 模拟式示波器显示的信号是以一条连续的曲线来描述电压轨迹。　(　　)
　　11. 通过示波器可以看到电流如何在电路中流动，并观察到电路中发生的变化。(　　)
　　12. 在点火开关接通时，不允许拆开任何12V的连接线路。　　　　　 (　　)
　　13. 对电控系统电路或元件进行检查时，必须使用低阻抗万用表检查电压或电流。
　　　　　　　　　　　　　　　　　　　　　　　　　　　　　　　　　(　　)
　　14. 将自带电源测试灯跨接在被测线路的两端，如果灯不亮，说明被测线路有断路故障。
　　　　　　　　　　　　　　　　　　　　　　　　　　　　　　　　　(　　)
　　15. 选择万用表的量程时，最好从高到低逐级进行选择。　　　　　　(　　)
　　16. 专用故障诊断仪一般只适合在特约维修站配备，以便提供良好的售后服务。(　　)
　　17. 汽车上的两个系统之间，所有用电设备和控制系统均为串联连接。(　　)
　　18. 电路短路故障可通过测量连接器端子与车身或搭铁线之间是否导通来检查。(　　)
　　19. 不要轻易断开蓄电池负极，否则将丢失存储器中的故障代码。　　(　　)
　　20. 在维修中尽量不要拔下高压线的方法进行试火或断缸实验。　　　(　　)
　　21. 在发动机出现故障时，应先对发动机管理系统以外的可能故障部位予以检查。
　　　　　　　　　　　　　　　　　　　　　　　　　　　　　　　　　(　　)
　　22. 历史故障码通常可能是由偶然情况或以前的维修引起的。　　　　(　　)
　　23. 有故障码存在说明发动机系统一定存在故障。　　　　　　　　　(　　)
　　24. 有些情况下，当有故障症状出现时，一定有故障，但不一定有故障码。(　　)
　　25. 利用故障码进行诊断只是多种故障诊断手段中的一种重要手段。　(　　)
　　26. 用力拍打继电器可能会使继电器开路。　　　　　　　　　　　　(　　)

二、填空题

　　1. 在使用数字式万用表时，严禁_____时测量电阻。
　　2. 故障诊断仪俗称_____，它是_____仪器。
　　3. 采用丰田专用跨接线读取故障码时，拆装跨接线时，点火开关必须处于_____位置。
　　4. 现代汽车冷却液温度传感器基本上采用_____热敏电阻。
　　5. 调取故障码时，检查蓄电池电压应在_____以上。
　　6. 在对汽油发动机油路综合故障进行诊断时常采用_____的诊断原则。
　　7. 汽车万用表除能测量电阻、电压、电流外，还可测量_____等项目。

参 考 文 献

[1] 曹红兵. 汽车发动机电控技术原理与维修 [M]. 北京：机械工业出版社，2014.
[2] 朱良. 汽车发动机电控系统检修 [M]. 北京：人民邮电大学出版社. 2013.
[3] 何杰. 汽车发动机构造与维修 [M]. 武汉：武汉大学出版社，2013.
[4] 姚焕新. 汽油发动机电控系统检测与维修 [M]. 哈尔滨：哈尔滨工业大学出版社，2013.
[5] 李勇勤. 电控柴油机维修及典型故障解析 [M]. 北京：北京工业出版社，2012.
[6] 母忠林. 柴油机维修技巧与故障分析案例 [M]. 北京：机械工业出版社，2010.